これからの時代を生きる
すべての子どもたちへ

音楽教育のススメ

小林洋子、沼田峰紀
Kobayashi Yoko *Numata Takanori*

幻冬舎MC

はじめに

「そろそろ、うちの子にもピアノを習わせようかしら……」

春先になると、そうやってお子さんの進級・進学のタイミングで音楽教室を検討し始める保護者の方が増えます。周りのお友達が習い始めると、お子さんのほうから習いたいと言い出すこともあるでしょう。


とはいえ、世の中には数多くのさまざまな習い事がたくさんあります。

ミキハウス総研の調査（2019年）によると、子どもが通っている習い事としていちばん多かったのはスイミング（35・4％）で、2位が英語・英会話（18・6％）、そして3位がピアノ（17・2％）でした。このように、定番の習い事が上位に並ぶ結果となっていますが、最近ではプログラミング教育が注目を集めていたり、習字やそろばんなどの人気が再燃したり、限られた時間のなかで、お子さんにどんな習い事をさせるのかは、なかなか悩ましい問題なのではないでしょうか。

しかも、ピアノを習わせることを検討し始めると、さまざまな気掛かりが出てきます。

「仮にピアノを習い始めたとして、うちの子は家できちんと練習するのだろうか」

「ピアノを買うからには長く続けてほしいけれど、続けられるのだろうか」

「小学校受験を考えているけれど、受験準備と両立できるだろうか」

そんな自問自答の果てに現れるのが、次のような疑問です。

「今、音楽を習うことは、子どもにとって何の役に立つのだろう」

私たちは１９９０年に音楽教室を開設し、これまでピアノ、ヴァイオリン、チェロ、フルート、声楽・ボイストレーニング、ソルフェージュ、作曲、幼児リトミック、絶対音感など音楽に関わる教育を行ってきました。そのなかで確信しているのは、「音楽を学ぶことで、これからの時代を生きていくために必要な力が身につく」ということです。

なかでも、本書では「感性」「論理的思考力」「自己表現力」に焦点を当てています。「感性」や「自己表現力」については、音楽と結び付けて考えやすいでしょう。ただ、「論理的思考力」については、ちょっと意外な印象があるかもしれません。

詳しくは本書の中で解説しますが、簡潔に説明すると、音楽教育を通して名曲や名演奏に数多く触れることで、お子さんの「感性」が磨かれていきます。そして、曲を表現するためにさまざまな知識を整理して解釈していく過程で「論理的思考力」が鍛えられます。さらに、発表会などの場で自分なりの表現を披露する経験を通して「自己表現力」が養われていきます。

音楽教育で養うことのできる「感性、論理的思考力、自己表現力」。

これらはすべて、「人間ならではの力」であるということです。

これから子どもたちが生きていくのは、人間がＡＩに仕事を奪われて支配されるような惨めな未来ではありません。内閣府が「Society5.0[※]」として示している未来像は、人間とAIが共存し、得意なことを活かしつつ苦手なことを補い合いながらともに経済発展を実現し、社会的課題を解決していく社会です。そのような社会で私たちが人間らしい幸せな人生を送るためには、これらの「人間ならでは」の力を磨き、発揮していく必要があります。

時代の潮流や本質的な問題に気づける豊かな感性をもち、論理的思考力を駆使して物事の本質をとらえ、自己表現力によって最も効果的な形で発信しながら問題を解決していく――。

それが音楽教育を受けた子どもたちの未来の姿なのです。

本書では、序章でなぜ今音楽教育が必要なのかを明らかにしたうえで、1章でこれまでに音楽がどのように教育に取り入れられてきたのかを欧米諸国の例も示しながら紹介します。そして、続く2章から4章で、音楽教育によって感性・論理的思考力・自己表現力がどのように養われていくのかをそれぞれ説明します。さらに、5章では、これまでの当教室の30年以上にわたるあゆみのなかで保護者の方から多く受けた質問に基づき、音楽教育を楽しく、また実りあるものにしていくためのアドバイスをＱ＆Ａの形でお伝えします。

音楽を学ぶことで身につけられる力は多くの方が考えているよりもずっと、幅広く奥深いものです。本書が音楽教育の良き手引き書となり、これからの時代を生きる子どもたちの未来を幸せなものにする一助となることを願っています。

※サイバー空間（仮想空間）とフィジカル空間（現実空間）を高度に融合させたシステムにより、経済発展と社会的課題の解決を両立する、人間中心の社会（Society）。狩猟社会（Society 1.0）、農耕社会（Society 2.0）、工業社会（Society 3.0）、情報社会（Society 4.0）に続く、新たな社会を指すもので、第5期科学技術基本計画において日本が目指すべき未来社会の姿として初めて提唱されました。

これからの時代を生きるすべての子どもたちへ　音楽教育のススメ　目次

［第4章］「自己表現力」を養う

〜ありのままの自分で社会と調和するために必要な力とは〜

［序章］

なぜ今こそ音楽教育が必要なのか

学習指導要領は時代を映す鏡

音楽教育について論じる前に、まずは今の日本の教育が抱えている課題を明らかにしておきましょう。

そのヒントとなるのが、「学習指導要領」です。

学習指導要領とは、全国にあるすべての学校において教育の水準が一定に保たれるように、文部科学省が定めている教育課程（カリキュラム）の基準のことです。

戦後間もない１９４７（昭和22）年に試案が発表され、１９５８（昭和33）年に現在と同様の「告示」という形になりました。以降およそ10年ごとに、その時代の教育課題に対応できるような形に改訂が繰り返されています。例えば、１９８９（平成元）年の改訂では、小学１・２年生への「生活科」が導入されました。この改訂の背景にあったのは、国際化や情報化が進んでいく社会の変化です。また、いじめや不登校が社会問題化するなど、教育現場が抱える問題も深刻化していく状況にありました。そんな社会の変化に自ら対応できる心豊かな人間の育成を、この改訂では目指しました。

また、１９９８（平成10）年・９９（平成11）年の改訂では「総合的な学習の時間」が導入されました。これは、来るべき21世紀を切り拓いていく「生きる力」の育成を目指したもので、問題解決や探究活動を主体的・創造的に取り組めるようになることを意図した改訂でした。国際化が進む社会のなかで、個性を活かしたゆとりある教育を行うことを目的とし、教育内容を絞り、授業時数の削減が行われました。

これらの改訂については、実際に自身が児童・生徒として経験したという方もいらっしゃるのではないでしょうか。

あるいは、お子さんがいらっしゃる方であれば、２０１７（平成29）年の改訂によって、小学５・６年生で外国語が「教科」になったり、小学校でプログラミング教育が導入されたりしたことが記憶に新しいかもしれません。これは情報化やグローバル化の加速に加えて、人工知能の進歩によって急激な社会的変化をもたらす時代に必要な資質や能力を育むことを目指した改訂で、小学校では２０２０（令和２）年度より実施されています。

このように、学習指導要領は、その時代の社会情勢を反映し、教育の進むべき方向を示してきました。

［図表1］ 学習指導要領の変遷

改訂年	改訂のポイント
1958（昭和33）～ 1960（昭和35）年 改訂	**教育課程の基準としての性格の明確化** ・道徳の時間の新設、基礎学力の充実、科学技術教育の向上等 ・系統的な学習を重視
1968（昭和43）～ 1970（昭和45）年 改訂	**教育内容の一層の向上（「教育内容の現代化」）** ・時代の進展に対応した教育内容の導入 ・算数における集合の導入等
1977（昭和52）～ 1978（昭和53）年 改訂	**ゆとりある充実した学校生活の実現＝学習負担の適正化** ・各教科等の目標・内容を中核的事項に絞る
1989（平成元）年 改訂	**社会の変化に自ら対応できる心豊かな人間の育成** ・生活科の新設、道徳教育の充実
1998（平成10）～ 1999（平成11）年 改訂	**基礎・基本を確実に身に付けさせ、自ら学び自ら考える力などの「生きる力」の育成** ・教育内容の厳選、「総合的な学習の時間」の新設
2003（平成15）年 改訂	**学習指導要領のねらいの一層の実現** ・学習指導要領に示していないことを指導できることを明確化 ・個に応じた指導の例示に小学校の習熟度別指導や小・中学校の補充・発展学習を追加
2008（平成20）～ 2009（平成21）年 改訂	**「生きる力」の育成、基礎的・基本的な知識・技能の習得、思考力・判断力・表現力等の育成のバランス** ・授業時数の増、指導内容の充実、小学校外国語活動の導入
2015（平成27）年 一部改訂	**道徳の「特別の教科」化** ・「答えが一つでない課題に子どもたちが道徳的に向き合い、考え、議論する」道徳教育への転換
2018（平成30）～ 2019（平成31）年 改訂	**新しい時代に必要となる資質・能力の育成と、学習評価の充実** ・「社会に開かれた教育課程」の実現 ・新しい時代に必要となる資質・能力を踏まえた教科・科目等の新設や目標・内容の見直し ・主体的･対話的で深い学び（「アクティブ・ラーニング」）の視点からの学習過程の改善

※文部科学省「学習指導要領の変遷」をもとに作成

今の日本が抱える教育課題とは

それでは、直近の改訂には、どのような背景があったのかを読み解いてみましょう。

２０１６（平成28）年12月21日 中央教育審議会「幼稚園、小学校、中学校、高等学校及び特別支援学校の学習指導要領等の改善及び必要な方策等について（答申）」には、この改訂の時代背景が次のように記されています。

「21世紀の社会は知識基盤社会であり、こうした社会認識は今後も継承されていくものであるが、近年、情報化やグローバル化といった社会的変化が、人間の予測を超えて加速度的に進展するようになってきている。とりわけ第４次産業革命ともいわれる、進化した人工知能がさまざまな判断を行ったり、身近な物の働きがインターネット経由で最適化されたりする時代の到来が、社会や生活を大きく変えていくとの予測がなされている。」

これはまさに、私たちが今、肌で感じている社会の変化ではないでしょうか。

２０１３（平成25）年10月、オックスフォード大学のマイケル・Ａ・オズボーン准教授とカール・ベネディクト・フレイ博士は、今後10年～20年の間に、米国の総雇用者総数のうち約47％の人の仕事が、コンピュータにとって代わられる可能性が高いと予測しました。
さらに、両名は２０１５（平成27）年12月に野村総合研究所との共同研究の結果を発表しました。それは、日本国内の６０１種類の職業について、人工知能やロボット等で代替される確率はどれくらいかという試算です。それによると、日本の労働人口の約49％の人が就いている職業が、10～20年後には人工知能やロボット等で代替することが可能になるという結果となっています。

これらの情報が広く報じられたことで、子どもを育てている親世代には大きな衝撃が走りました。これまでの経験則では予測できない未来像に、「この子の将来はどうなるのだろう」「今、この子にどのような教育を受けさせれば、将来路頭に迷うことのない人生を送れるだろうか」と不安を掻き立てられた人も少なくないでしょう。それに呼応するかのように、「ＡＩに仕事を奪われない子を育てるにはどうしたらよいのか」「世界基準で一流とされる子どもに育てるにはどうしたらよいか」といったテーマの書籍も多く出版されました。

ただ、２０１６（平成28）年12月21日の中央教育審議会の答申をよく読んでみると、次のように述べられています。

「人工知能がいかに進化しようとも、それが行っているのは与えられた目的の中での処理である。一方で人間は、感性を豊かに働かせながら、どのような未来を創っていくのか、どのように社会や人生をよりよいものにしていくのかという目的を自ら考え出すことができる。多様な文脈が複雑に入り交じった環境の中でも、場面や状況を理解して自ら目的を設定し、その目的に応じて必要な情報を見いだし、情報を基に深く理解して自分の考えをまとめたり、相手にふさわしい表現を工夫したり、答えのない課題に対して、多様な他者と協働しながら目的に応じた納得解を見いだしたりすることができるという強みを持っている」

この答申には、これからを生きる子どもたちをいかに育てていけばよいかというヒントが詰まっているといえます。

人間ならではの発想を生み出す源となる「感性」をいかに磨いていくのか。

場面や状況を理解して自ら目的を設定し、その目的に応じて必要な情報を見いだし、情報を基に深く理解して自分の考えをまとめるのに必要な「論理的思考力」をいかに身につけるのか。

相手に応じてふさわしい表現を工夫できる「表現力」や、答えのない課題に対して、多様な他者と協働しながら目的に応じた納得解を見いだすための「問題解決力」をいかに鍛えていくのか。

これらに対応するための学習指導要領の改訂内容が公になってから、巷では「外国語教育」や「プログラミング教育」ばかりが脚光を浴びてきました。

確かに、両方ともこれからの時代に求められるスキルではあるでしょう。特にプログラミング教育については、親世代にはなじみがないこともあり、注目を集めるのも当然かもしれません。

しかし、この改訂の根底にある「感性」や「論理的思考力」や「表現力」というキーワードを並べてみたときに、私たちはこれから本書で論じていく「音楽教育」にこそ大いなる可能性を感じています。

なぜなら30年にわたって民間の音楽教室として、音楽教育に携わってきた積み重ねのなかで、子どもたちが音楽を通して感性を磨き、論理的思考力を鍛え、自己表現力を身につけていく姿を数多く目の当たりにしてきたからです。

本書で論じていく音楽教育とはどのようなものか、まずは私たちの教室で音楽を学ぶ子どもたちの姿を通して、ここで簡単に紹介しておきましょう。

感性を磨く「音楽教育」

私たちの音楽教室には、ピアノやヴァイオリンをはじめ、ソルフェージュ、作曲、声楽・ボイストレーニング、チェロ、フルート、クラシックギター、絶対音感など、さまざまなクラスがあります。そのなかでも「幼児リトミック＝ソルフェージュ」のレッスンは、生後3～4カ月くらいの首の据わったお子さんから参加しています。

これは子どもたちが音楽と能動的に関わる最初の接点になります。

レッスンでは、季節に合わせた音楽を扱ったり、自然の風物や食べ物などの身近なものと関連させたりしていきます。それに合わせて、子どもたちは体を使って自分なりの表現をします。

最初は物怖じして、みんなの前では自分を表現できない子も、音楽の力に後押しされるように、自分の表現ができるようになっていきます。

レッスンを受け始めたばかりのときにはお母さんの陰に隠れるようにしていた子が、徐々に音楽に合わせて体を動かすようになり、やがて体を目一杯使って、人前でものびのびと自分を表現できるようになっていく姿を数え切れないほど見てきました。

こうして音楽を介した「遊び」を楽しんでいるうちに、子どもたちの感性は自然に磨かれていきます。

リトミックを経験した子どもたちは、成長していくにしたがってピアノやヴァイオリンなどの楽器にも興味をもち、学び始めるようになります。

例えば、小学校高学年くらいになったお子さんが、ドビュッシーの曲に挑戦することになったとしましょう。

ドビュッシーはフランスの作曲家です。彼の作曲した『月の光』や『亜麻色の髪の乙女』などはCMなどにもよく使われるので、多くの人が耳にしたことがあるのではないでしょうか。彼はその作曲技法から「印象主義音楽（印象派）」と呼ばれています。

そのドビュッシーの楽曲を指導する際、講師は技術面へのアドバイスはもちろんのこと、子どもの感性を刺激するような、こんな指導もします。

「印象派のモネの絵を見たことはある？　モネの『睡蓮』をイメージして弾いてみよう」

音楽を通して感性を磨いてきた子どもたちは、「音楽」や「美術」というジャンルを軽々と超えて、絵画の印象を自分のなかで消化し、それを音楽を通して表現するということができるようになっています。

感性を研ぎ澄まし、創造性豊かなアウトプットをするということは、人工知能にはできないことであり、人間であっても、一朝一夕には身につけることのできない力です。音楽教育によって磨かれた感性は、これからの時代をＡＩと共存しながら生きる子どもたちにとって、かけがえのない財産になるといえるでしょう。

感性を磨く具体的な方法については２章で詳しく述べます。

論理的思考力を鍛える「音楽教育」

曲を演奏できるようになるということは、その曲の構成を客観的に捉え、分析し理解できるようになるということです。

ソルフェージュなどを通して音楽に親しんだ子どもたちは、音楽に対する鋭い感覚を身につけ、音楽への興味・関心を深めていきます。それと同時に、曲と向き合い分析し理解することによって、自然と論理的思考力が鍛えられていきます。その結果、高度な演奏技術や表現力を習得していくことになるのです。

西洋のクラシック音楽の楽曲は論理的に構成されていることがほとんどなので、音楽を学ぶことは、作曲者の意図や論理的思考の道筋をたどることになります。そうすることを通して楽曲を正しく解釈し、説得力のある表現を作っていきます。

一方で、現在のＡＩ技術はどうでしょうか？

イギリスのディープマインド社（※）のサイトでは、ＡＩ技術を用いて自動作曲した「曲」のサンプルを聴くことができます。これは、人工知能にピアノ曲を「波形」としてインプットし、特徴量を抽出し、確率過程に乗せて波形を繰り出すという形で作られたものです。

10秒程度のサンプルは、確かにロマン派から近代のピアノ曲風の音源にはなっています。ただ、今の人工知能にできることはそこまでです。人工知能は一曲全体を通して論理的な構成をすることができないため、自動作曲された楽曲は聞くに堪えないものになるのだそうです。

音楽を通していかに論理的思考力が鍛えられていくかは、３章で詳しく述べます。

※２０１０年にDeepMind Technologiesとして起業され、２０１４年にGoogleの傘下に入る。ＡＩによる囲碁対局ソフト「AlphaGo」を開発し、２０１６年にトップレベルのプロ囲碁棋士を史上初めて破ったことでも話題を集めた。

自己表現力を養う「音楽教育」

音楽教育を受けている子どもたちは、自分の感性によって音楽を受容し、論理的思考力によって曲を解釈したうえで、練習を積んで自己表現力を養っていきます。

その自己表現力は、受け取る相手があってこそ磨かれるものであり、音楽教育においては、「発表会」が絶好の機会となります。

発表会では、普段の練習とはまったく異なる環境に戸惑い、失敗してしまう子もいます。きちんと暗譜していたはずなのに本番の緊張で突然頭が真っ白になってしまったり、最初の音を1オクターブ間違えて弾き始めてしまったり、あまりの緊張に足がすくんで舞台に出ていけなくなってしまったり……。

このような失敗も、子どもたちにとっては貴重な経験となります。あらゆるリスクに備えて、できる限りの準備を真剣に行うということの大切さを身をもって学びます。

音楽教室に通う子どもたちは、このような実体験を積み重ねることで、プレッシャーのかかる場面でも、自己表現ができるという自信をつけていきます。

そうした経験が活かされるのは、発表会の場に限りません。受験や就職試験などの緊張感が漂う場面で、緊迫した空気にのまれることなく、実力を発揮できるようになります。

音楽を通していかに自己表現力を養うことができるのかということについては、4章で詳しく述べます。

このように、音楽教育によってもたらされる効果は子どもたちの「生きる力」となるのです。

次の章では、日本における音楽教育のあゆみや、世界各国でいかに音楽教育が生かされているのか、そして日本の音楽教育の現状を見ていくことにしましょう。

［第1章］

音楽教育のあゆみ
～古代ギリシア、欧米諸国、日本～

古代から音楽は人間教育で重要視されてきた

この章では、これまでに音楽教育がどのように行われてきたのか、そして今、世界の国々ではどのような音楽教育が行われているのかを明らかにしていきます。

まずは、音楽教育の源を探るために、古代ギリシアにさかのぼってみましょう。古代ギリシアでは、すでに音楽が「学問」として扱われていたことがうかがえます。

古代ギリシアの哲学者であるプラトンは、紀元前３８７年頃に「アカデメイア」と呼ばれる学園を設立しました。これはただ学問をするだけでなく、理想的国家を運営し、計画し、立法化できる人物を育てる場でもありました。そのアカデメイアの科目として必修とされたものの一つが音楽理論でした。これはピタゴラス学派の伝統を受け継ぐもので、音程の数比関係の分析や、リズム（韻律）の数値の組み合わせによる分析といった数学的な理論です。

さらに、プラトンは自らの師であるソクラテスが音楽について語った言葉について『国家』の中に次のように記しています。

「音楽・文芸による教育は、決定的に重要なのではないか。なぜならば、リズムと調べというものは、何にもまして魂の内奥へと深くしみこんでいき、何にもまして力づよく魂をつかむものなのであって、人が正しく育てられる場合には、気品ある優美さをもたらしてその人を気品ある人間に形作り、そうでない場合には反対の人間にするのだから。」（プラトン著　藤沢令夫翻訳『国家』上　岩波文庫）

また、『国家』の中では、「音楽」と「体育」が互いに補足しながら魂に働き掛け、魂を調和するという教育論が次のように記されています。

「『音楽』と『体育』をうまく混ぜ合わせ、魂の調和を計る人こそ、もっとも完全な意味で音楽的教養のある人であり、よき調和を達成した人である」

こうした古代ギリシアの価値観は古代ローマに受け継がれ、言語系三学である文法・修辞・論理と、数学系四科である算術・幾何・天文・音楽が「自由七科（セプテム・アルテス・リベラレス、septem artes liberales)」とされました。そして、12世紀末に各地の大聖堂や修道院の付属学校を母体として大学が生まれると、神学・法学・医学を学ぶ学生の礎となる科目として、この自由七科が採用されました。

その後、音楽を含むこれらの科目は「リベラル・アーツ」として17世紀のイギリスを経て、アメリカにも伝播していきました。

そして現在、最先端の科学技術の研究を担う名門大学を中心に、音楽をはじめとした芸術を学ぶことの意義が再評価されています。これについてはあとで詳しく述べます。

欧米諸国では音楽を教育に有効活用している

欧米諸国において、音楽を人間教育の一環として重視する伝統は、学校教育の現場でも連綿と現代に受け継がれています。

国立教育政策研究所によってまとめられた「音楽のカリキュラムの改善に関する研究—

諸外国の動向―」と、日本音楽教育学会が2015年10月に行ったシンポジウム「世界の音楽科学習指導要領を比較する（1）アメリカ・ハンガリー・フィンランド・ドイツでは音楽教育をどう考えているのか」の2つの報告書を基に、フランス・ハンガリー・イギリス・アメリカ・ドイツの例を見ていきましょう。

◎音楽を「文化」として正しく理解することを目指すフランス

芸術大国であるフランスでは、国内外のさまざまな分野の芸術家が集い、多くの歴史的な作品が生み出されてきました。音楽教育においては、17世紀に創設された名門のパリ国立高等音楽院が多数の著名な音楽家を輩出してきました。そこで学んだドビュッシーやラヴェルはフランス音楽を代表する作曲家です。多くの人が彼らの楽曲を耳にしたことがあるでしょう。

現在、フランスの小学校では、「芸術」という教科のなかに「視覚芸術」と「音楽」があり、「感受性と表現力」を育成するという「芸術教育」としての目標理念が掲げられています。

音楽の学習内容としては、「歌唱」と「聴取」が二本柱として一貫して位置づけられており、この二つの領域を補完し、発展させる形で「器楽」や「即興・創作」的な活動が行われるようになります。

これらの活動を通して目指すのは、作品の歴史的・文化的文脈を正しく理解し、その様式に応じた表現ができるようになることです。音楽を特徴づけている構成要素の把握や識別だけでなく、音楽を「文化」として正しく理解することが求められるのです。

また、音楽作品についての理解を表現するための適切な語彙の獲得や、言葉による批評的な表現力についても、指導要領の定める到達目標として重要視されています。

◎幼児期からの音楽教育で調和のとれた人格形成を目指すハンガリー

ハンガリーは、リストやバルトーク、リリー・クラウス、ジョルジュ・シフラ、ヨーゼフ・シゲティなど音楽史に残る作曲家や演奏家を数多く生み出しており、クラシック音楽ファンにはなじみの深い国の一つです。

ハンガリーでは、幼児期から伝承の歌遊びをベースにした音楽教育が行われています。これは幼児の多面的な調和のとれた人格の発達を促すという幼稚園教育の目的に沿ったものです。伝承の歌遊びは身体の動きを通した音楽的体験だといえます。歌遊びでは楽器に拠らず声を合わせ、聴き合うことを促すからです。これは音楽的能力を伸ばすだけでなく、音楽の協同性の喜びをもたらし、さらには伝統の認識と伝承につながるものととらえられています。

小学校以降の教育では、歌遊びの「遊び」の側面を教授法的に活用しつつも、歌遊びの「音楽」的側面に重心がおかれていきます。

こういったハンガリーの音楽教育は、同国出身の作曲家で音楽教育家のコダーイ・ゾルターン（１８８２―１９６７年）が提唱した教育理念に基づいて行われています。

20世紀初頭のハンガリーでは、音楽教育を受けられるのは、限られた上流階級の子どもたちだけでした。「感受性が豊かな子どものうちに質の良い音楽体験をしたことがない人間は、生涯にわたって音楽の恩恵を受けることのできない人間になってしまう」と危機感を覚えたコダーイは、質の高い音楽教育を行うのは学校教育における義務であると主張しました。そして彼は、古代ギリシアなどの音楽による人格陶冶の考え方と、ヨーロッパにおける効率的な音楽教育を統合し、ハンガリーの音楽教育に応用することにしたのです。

第二次世界大戦後、そのコダーイのメソッドを使った教育は150の学校で行われました。一週間のうちに、歌の授業が6時間、楽器の授業が2時間、民族舞踊の授業が2時間、合唱の授業が2時間設けられ、子どもたちは毎日音楽の授業を受けました。

こういった音楽の授業によって、子どもたちは論理的な考え方、記憶力、自律性を身につけていったほか、社会性が育まれ、コミュニケーション能力も磨かれたとされます。また、同国の脳科学者によって、音楽の学習がほかの学習に対して効果的だったという報告もなされています。

◎創造的音楽学習の先駆けとなったイギリス

イギリスは『惑星』で知られるホルストや、『威風堂々』が有名なエルガーなどの作曲家を生み出してきました。また、ロンドンにある王立音楽アカデミーは世界有数の音楽学校の一つに数えられています。

ここではイギリスのなかでもイングランドの音楽教育事情を紹介しましょう。

イングランドでは、音楽学習を通して、生徒の精神的、道徳的、社会的、文化的な発達を促進することが目標とされています。また、コミュニケーション、数の適用、ＩＴ等の技能、ほかの人と協力し自身の学習やその成果を高め問題解決をしていくための技能の習得も促され、さらに、思考力の育成や、プロジェクトを企画したりそれらを遂行したりする技能、そして職業等に関連した学習が奨励されています。

イングランドでは国定教科書がなく、音楽の授業時数も定められていません。音楽の授業では、教師が楽曲を選んだり教材を作成したりしますが、楽譜を使わずに学ぶ機会も多くあります。

特に、小学校では耳から聴いて歌を覚える聴唱法が多く行われています。

また、創造的音楽学習（Creative Music Making）の先駆けとなった国ならではの創作活動も多く取り入れられています。

創造的音楽学習とは、〝音〟自体やあらゆるジャンルの音楽を教材として、生徒の創造的で自発的な学習を教師が援助するという形の音楽教育です。教師主導で知識を授けるのではなく、子どもたちの発想から音楽学習を可能にしようという取り組みは、子どもたちの感性を存分に刺激します。

ロンドン大学のスーザン・ハラム教授による『Power of Music（音楽の力）』によれば、高等教育において音楽を専攻する学生は、そうでない学生よりも、創造性のテストにおいてより良い成績を残し、その傾向は10年以上の音楽教育を受けた人たちに、より顕著に現れたとされています。また、創造性の育成のためには、教科書等を用いた講義形式の授業ではなく、即興演奏の機会がある授業を受けた子どものほうがより創造性が育まれることも明らかになっており、音楽教育に創造的な活動を導入することの重要性が示されています。

これらに加えて、特に私立の学校において、校内でピアノやヴァイオリン、フルートなどのレッスンが受けられる環境が整っているケースが多いことも特徴です。それも、放課後に課外レッスンとして行われるのではなく、通常の授業が行われている時間内にレッススンを受けられるようになっています。

加えて、音楽家が学校に来て指導をすることもあり、子どもたちが音楽を学ぶ機会が多く設けられています。

◎アメリカの名門大学では音楽を履修する生徒が10年の間に1・5倍に

アメリカというと、ロックやポップス、ジャズなどをイメージする人も多いかもしれませんが、クラシック音楽も盛んです。ボストン交響楽団、シカゴ交響楽団、ニューヨーク・フィルハーモニック、クリーヴランド管弦楽団、フィラデルフィア管弦楽団などのオーケストラや、世界的に知られた音楽の殿堂であるカーネギーホール、メトロポリタン歌劇場のような世界最大級のオペラハウスを擁しています。

同国の学習指導要領では、音楽教育の目的を「音楽リテラシーの生涯にわたる獲得と発展」と定めています。その音楽リテラシーの獲得によって「コミュニケーション」「自己認識」「文化と歴史」「福祉と健康」「共同体形成と参加」の基礎を形成するとされています。

アメリカでは、ハーバード大学やスタンフォード大学をはじめ、ほとんどの大学に音楽学部・学科または音楽学校があります。そこでは、音楽を専門的に学ぶ学生以外にも、１・２年生のときに教養科目として音楽を履修することができます。

理工系の世界屈指の名門校として知られるマサチューセッツ工科大学（以下ＭＩＴと記述）では、この10年ほどの間に音楽科目を履修する学生が１・５倍に増えているのだといいます。ＡＩをはじめとするテクノロジーのめざましい進歩により、人間とテクノロジーがどう共存していくべきなのかという問いに最前線で向き合ってきた科学技術者たちのまなざしは、今、音楽をはじめとする芸術科目へ注がれているのです。

ＭＩＴの音楽科目で特徴的な点としては、「理論」だけでなく「実践」を伴っているということが挙げられます。

例えば、西洋音楽史を扱う授業では、実際にコンサートを聴きに行き、その演奏について考察したレポートが課されるといった具合です。また、初心者を対象とした「音楽理論」の授業であっても、学期末には作曲の課題が出されることもあります。

また、音楽教育では教師が生徒に指導するという形は多いですが、MITでは作曲した曲についてクラスメイト同士でフィードバックし合うなど、互いに学び合うという点でも特徴的です。

これからの科学・工学の研究者・技術者たちに求められるのは、さまざまな専門分野の知見を共有しながら課題を解決していく力です。科学や工学の分野では、一人の力だけでは到底解決できないような難題も多くあるからです。そんな背景を踏まえた同大学の教育方針は音楽教育にも反映され、結果として数多くの優秀な研究者や技術者を輩出しています。

◎音楽教育がドイツの移民・難民問題解決の糸口に

ドイツは音楽の父と称されたJ．S．バッハをはじめとし、ベートーヴェン、メンデルスゾーン、シューマン、ブラームスなど数々の大作曲家を生み出してきました。

現在のドイツでは、個人的能力、社会的能力など全体的に教育の柱となる能力の獲得を中心に主なカリキュラムが組まれています。

ドイツは16の州からなる連邦国家で、教育の地方分権が確立されています。そのため、それぞれの州の事情に合わせた教育政策が進められています。

例えば、旧西ドイツの首都であったボンを含むノルトライン=ヴェストファーレン州の基礎学校の音楽科カリキュラムでは、音楽科の授業の目的に「生徒の音楽への喜びや関心を引き出すこと」「音楽的知覚体験や表現能力を拡張し音楽的能力を発展させること」「音楽活動のなかで、創造性、集中力、モチベーション、コミュニケーション、集団での能力を支えること」の3点が挙げられています。


ドイツはその歴史的背景のために、移民・難民問題を抱えてきました。

第二次世界大戦後、ドイツは元ドイツ領をはじめ、東ヨーロッパから約1200万人もの難民を受け入れました。東西冷戦中は、東側諸国からの亡命者、政治難民を受け入れ、さらに冷戦の終結後もユーゴスラヴィアやルーマニアなどからの難民を数多く受け入れてきました。2015年にはシリアをはじめ、中東や、バルカン半島の紛争地域などからの90万人にものぼる難民の入国を認めたことで、国際社会からも注目を浴びました。2015

年の国勢調査によれば、ドイツの人口８１４０万４０００人のうち、移民の背景をもつ人は１７１１万８０００人で、実に２割以上を占めています。

このような背景から多文化社会となっているドイツでは、学校における音楽教育が重要な役割を担っています。

移民の背景をもつ子どもたちのなかには、ドイツ語でのコミュニケーションが未熟な子どもも含まれます。言語に不安を抱える子どもたちも、世界共通語ともいうべき音楽を介せば、感性や感覚に基づいた協働的な学習をすることができます。

「音楽だけが世界語であり、翻訳される必要がない。そこにおいては魂が魂に話し掛ける」と言ったのは、音楽の父と呼ばれるＪ．Ｓ．バッハですが、まさにその言葉のとおりです。

また、ドイツの学校での音楽教育は、音楽の楽しさや達成感によって、子どもたちが学校生活を肯定的にとらえられるように支援するという役割も担っています。

ドイツでは、移民や難民の子どもの就学率や卒業率を上げることは喫緊の課題です。その社会課題に対して、音楽は解決策の一つになっています。

このように欧米諸国では、音楽教育がさまざまな形で学校教育に取り入れられています。人間教育の一環としての役割はもちろん、音楽以外の教科学習にも良い影響を与えており、ドイツに至っては、社会問題の解決策としての役割も担っています。

これらを踏まえて、日本における音楽教育についても見ていきましょう。

日本の音楽教育のあゆみ

日本の学校における音楽教育は、明治時代に「唱歌」を通して「徳性を涵養《かんよう》する」という目的のもと導入されました。当時は、欧米列強に対抗できる国力を整えようと、大急ぎで欧米のシステムを研究し、日本に合う形にして取り入れようとしていた時代でした。

そのような時代背景のなか、政府により学校教育の整備が進められ、１８７２（明治５）年に公布された学制によって、尋常小学校の科目に「唱歌」が設置されることになりました。

しかし、当時は唱歌の指導をできる教員が存在しなかったため、教材の整備や教授法の確立とともに、音楽教育を担う人材の育成が急がれました。
１８７９（明治12）年には、現在の東京藝術大学音楽学部の前身に当たる音楽取調掛《とりしらべがかり》が開設され、アメリカのルーサー・ホワイティング・メーソンが音楽教師として招聘《しょうへい》されたのを皮切りに、ヨーロッパ諸国からも合計で43名の外国人教師が招かれました。これにより、日本でもピアノやヴァイオリン、声楽などの本格的な教育が行われるようになりました。

そして、１８８２（明治15）年には日本初の五線譜による唱歌教科書が発行されるなど、音楽を学校教育に導入するための準備が着々と進められていきました。

もちろん、それ以前にも、日本に音楽文化は存在していました。雅楽などの古典音楽はもちろん、日本人の暮らしのなかには「田植え唄」や「子守唄」などといった形でも音楽が根づいていましたし、ハレの日には、お祭りの神楽や盆踊りという形で音楽は親しまれ、伝承されてきました。

しかし、日本全国の子どもたちが一律に、「音楽教育」を学校で受けるようになったのは、明治時代になってからのことです。

こうして、徐々に学校での音楽教育が行きわたっていき、現代につながる音楽文化の基礎が築かれていきました。

学校における音楽教育の今

現在、日本の小学校で行われる音楽の授業は歌唱・器楽・音楽づくり・鑑賞の4つに分けられます。

2008年改訂の学習指導要領から登場した「音楽づくり」の授業では、音そのものの響きやその組み合わせを試したり味わったりしながら即興表現をすることや、音を音楽に構成していく過程を大切にしながら意図をもって音楽をつくる活動を行います。そのため「どんな音楽をつくったか」という成果よりも、「その過程で子どもたちがどんなことを経験し、考え、試し、味わい、音を音楽に組み上げていくか」ということが重視されます。

音楽づくりの活動の例としては、「3つの音を使って、4拍の旋律をつくる」といった活動があります。ごく短い旋律をつくる過程において、子どもたちは自ら考え、自分なりの発見をしていきます。いろいろなパターンを自分でつくってみたり、クラスの仲間がつくるのを聴いたりして、体験から音楽の要素を学んでいきます。

さらに、グループになって、ある程度まとまった音楽をつくる段階では、それぞれがつくったフレーズをただつなぎ合わせるのではなく、どうすればまとまった音楽にできるのかを考えて、話し合います。

このように、学校の音楽教育では、音楽を通したコミュニケーションによって、新しいものを仲間と一緒につくり上げていく楽しさや面白さを体験できるような授業が行われるようになってきました。これは集団での授業が行われる学校ならではの音楽教育だといえます。

音楽教室は日本の音楽教育を支えてきた

今の子どもたちが受けている音楽の授業は、親世代の受けてきた教育から変貌を遂げ、より音楽の面白さを感じやすい内容に変わってきているといえるでしょう。ただ、このような教育を通して音楽の楽しさを実感し、その先へさらに学びを深めたい、楽器等を使ってもっと複雑なメロディーを奏でてみたいなどという気持ちが子どもたちに芽生えたとき、学校における音楽教育の限界にぶつかります。

学校の音楽教育は集団での授業であるという特性上、そういった子どもたち一人ひとりの興味に応えるのは難しくなります。

そこで重要な役割を担っているのが民間の音楽教室です。

日本では、音楽教室が学校における音楽教育を補完する役目を受け持ってきました。

ここで、学校で行われる合唱コンクールのことを考えてみましょう。クラスごとに練習の成果を披露する合唱コンクールは、幅広い世代になじみのある行事なのではないでしょうか。

音楽の授業時間だけでなく、朝や放課後の時間なども使い、クラスが一致団結してより良い演奏に仕上げようと取り組んだ経験が、良い思い出として残っているという人もいると思います。

その合唱コンクールの際、ピアノ伴奏や各パートのリーダー、指揮者として全体を束ねていたのはどんな生徒だったでしょう。

おそらく、音楽教室でピアノをはじめとする音楽教育を受けたことのある生徒が多かったのではないでしょうか。この状況については、今でもそう変化はありません。日本では音楽教室が音楽教育において重要な働きをしてきたのです。

その音楽教室は、日本でどのように展開してきたのでしょうか。

ピアノやヴァイオリンといった西洋音楽の楽器を教える音楽教室は明治時代から存在していたと捉えられています。少なくとも、大正時代には実在していたことが分かっています。その多くは個人経営などの小規模なもので、現在のように全国展開するような大手音楽教室が現れたのは第二次世界大戦後のことです。

主な例としては、１９４８年に現在の桐朋学園大学音楽学部附属・子供のための音楽教室が開設され、１９５４年にはヤマハ音楽教室の前身が、１９５６年にはカワイ音楽教室が創設され、その後、高度成長期にピアノが普及するのにしたがって、全国に拠点を広げていきました。

これらの教室が子どもを対象に大規模に展開していった要因は、第二次世界大戦後の第一次ベビーブームにより子どもの人口が急増したこと、当時の日本の音楽界に音楽の早期教育の必要性の機運が高まっていったこと、などが考えられます。

こうして、音楽教室は子どもたちに人気の習い事の一つとなりました。さらに、近年では音楽教室が生涯学習や社会教育の役目も担っています。

私たちの教室にも、定年後に一念発起して楽器を習い始めた方や、音楽とは関係のない仕事をしながら作曲を続け、コンクールで入賞するようなすばらしい作品を生み出している方もいます。教員免許や保育士などの資格取得のために音楽を学ぶ方もいます。また、体が弱くてなかなか学校へ行けなかったり、何らかの理由で不登校になってしまったりしたものの、音楽への情熱からレッスンを続け、楽器や作曲を学んで才能を磨いている生徒もいます。

このように、民間の音楽教室は、子どもの習い事というだけでなく、学校教育等を補完する役割や音楽の専門教育の場であったり、生涯学習、社会教育の一助となるなど、音楽を学びたいと考えるすべての人にとっての「音楽の学びの場」になっているのです。

音楽教室で育まれるのは、これからの時代を生きる力

音楽教室は日本全国に存在していることもあり、ピアノをはじめとする音楽教育は習い事として根強い人気があります。ただ、そのなかでプロの音楽家になることを目的として教室に通っている方は、ほんの一握りに過ぎません。

私たちの教室でも、音楽大学への進学を目指していたり、プロの音楽家を志していたりするのはごく一部の生徒に限られます。保護者の方の多くは「音楽の素養を身につけてほしい」「わが子にも音楽の楽しさを知ってほしい」などといった思いからお子さんを音楽教室に通わせているようです。

確かに、音楽教室で音楽を学ぶお子さんは、音楽の知識やスキルを身につけ、音楽の楽しさを実感していくでしょう。

しかし、音楽教育の効果はそれだけに留まるものではありません。序章で紹介したように「感性」「論理的思考力」「自己表現力」といった、これからの時代を生きていくうえで欠かせない力を、音楽を学ぶことを通して育むことができるのです。

実際に、欧米諸国が音楽の有用性に着目し、各国の教育目標や課題を見据えて音楽教育を展開し、成果を上げているのは、この章で説明してきたとおりです。

それでは次章以降で、音楽教室における音楽教育によって「感性」「論理的思考」「自己表現力」がいかに育まれていくのかをそれぞれ見ていきましょう。

［第2章］

「感性」を磨く
～本物を見極める価値判断力を身につける～

感性を磨き価値判断力を高める

序章でも述べたとおり、感性は人間ならではの発想を生み出す源であり、これを豊かに育んでいくことはこれからの時代を生きていく子どもたちにとって重要なことです。

音楽教育は、その「感性」を育む効果を大いに期待できる習い事です。実際に、感性を豊かにすることを願ってお子さんを音楽教室に通わせているという保護者の方も多いようです。

音楽によってどのように感性が磨かれるのかを見ていく前に、「感性」とは何かを明らかにしていきましょう。

本書で扱う「感性」とは、簡単に言うと「物事を心に深く感じ取る働き」のことです。日常のなかでも「感性を刺激する」や「豊かな感性を育む」のような使われ方をする言葉ですが、改めて「感性とは何か」と問われると、なかなかつかみどころがないかもしれません。

「感性」を辞書で引くと、①外界の刺激に応じて感覚・知覚を生ずる感覚器官の感受性。②感覚によってよび起こされ、それに支配される体験内容。従って、感覚に伴う感情や衝動・欲望をも含む。③理性・意志によって制御されるべき感覚的欲求。などと記載されています（『広辞苑 第7版』より）。

「感性」という言葉は、江戸時代までは「感情」の意を表す単語として使われていました。それが英語の「sensibility」やドイツ語の「sinnlichkeit」などの訳語として使われるようになる過程で、「感覚」から「感情」までを含む幅広い概念を含む用語になっていきました。

そうした経緯もあり、現在、「感性」の定義は、研究者によってさまざまなものが存在しています。

感性工学を専門とする原田昭氏（筑波大学名誉教授）は、感性研究者によって提出された感性の定義からキーワードを抽出して分類し、次の5つの項目からなる定義を行いました。

・主観的で説明不可能なはたらき
・先天的な性質に加えて知識や経験による認知的表現
・直感と知的活動の相互作用
・美や快など、特徴に直感的に反応し評価する能力
・イメージを創造する心のはたらき

（原田 昭「感性の定義」『筑波大学感性評価構造モデルと構築特別プロジェクト研究報告書』１９９９年より引用）

このような定義から、本書で扱う物事を心に深く感じ取る働きである「感性」がどのようなものかを捉えることができるでしょう。

では、感性を豊かにすることで、どのような効果があるのでしょう。

まず一つめとしては、美しいもの、価値のあるもの、優れているものなどの〝本物〟を見極めたり、本質的な価値を見抜いたりする力が身につくということがあります。音楽の場合で言うと、幼少期から優れた音楽作品に数多く触れることによって、「価値判断力」

が養われることになります。

二つめとして、時代の潮流や物事の本質などを敏感に感じ取ることができるようになることが挙げられます。どのような物事でも、最初に「これは面白いかも」と直感的に気づくことが行動や問題解決のための第一歩となるはずです。このように気づく能力は、感性が研ぎ澄まされてこそ備わるものです。

未知なる問題にぶつかったときには、「何かおかしい」という気づきから「では、何がおかしいのか」と考えを進めて、具体的な問題を見いだし、解決に向かっていくことになります。感性が豊かであることは、次章以降で扱う論理的思考力や自己表現力を十分に発揮するための足掛かりにもなるのです。

感性の豊かさで物事に対する反応は大きく変わる

では、感性が豊かになると、なぜそうした気づきが得られるのでしょうか。

まず、感性が豊かになることで情報を感じ取る能力が高まり、受け取る情報量が増します。さらに、受け取った情報から価値判断によってノイズ（価値のない情報）の除去が行われ、価値ある情報のみが選別されます。その結果、有用な直感的な知見である「気づき」を得られるのです。その気づきにより、さまざまなことに興味・関心をもったり、好奇心が旺盛になったり、広い視野のもとで、自らが活躍できる場所を切り拓き、世界をより広げていくことが可能になります。

例えば、夏にセミの鳴き声が響いている光景を思い浮かべてみてください。

単にうるさいと感じる人もいれば、その一方で、夏の季節を感じて残りわずかなセミの一生を思い、そこから命の儚さや尊さにまで思いを馳せる人もいるでしょう。

このように、「受け取る情報量が増す」「価値判断により、受け取った情報からノイズの除去がなされ、価値ある情報のみが選別される」ということによって、同じタイミングで同じ場所に身をおいていても、人によって経験から得られる思考の深さがまったく異なってきます。目の前の「セミの鳴き声」という現象から受け取る情報をもとに、ストーリーを飛躍させて、人生や生死などのより大きなテーマと結び付けて考察したり、物事を一般化したり普遍化したりといった、より抽象的な思考に昇華するような働きにもつながるのです。

物事に興味や疑問をもったことがきっかけとなって、その理由を知りたいという欲求が生まれれば、今度はその理由を探るという知的探究へと発展していくことにもなるでしょう。

　このように、豊かな感性は人の知的な活動も促していきます。その結果、感性だけでなく知性を高めることも期待できるようになります。

音楽は人間の根源と関わってきた

　音楽によって感性を育むことができる理由の一つとして、音楽が人間の内面と深く関わり続けてきたという歴史があります。

　世界中のあらゆる国や地域、さまざまな民族において、人は、歌う、踊る、楽器を弾くなどの形で音楽活動を古くから行ってきました。地域によってスタイル等の違いはありますが、音を出して楽しむ行為が世界中で見られたのは確かです。

　実際に、特定の国や地域、民族とのかかわりを強く反映している音楽は数多く存在します。例えば、ショパンの作品には、彼の生まれ故郷のポーランドの舞曲である「マズルカ」や「ポロネーズ」の名がついた曲やそれらの要素が含まれた作品が沢山あります。

また、伝統宗教や儀式においても、音楽は重要な役割を果たしてきました。例えば祈りを捧げる場面などでは、神聖な音楽が奏でられていたと考えられています。

クラシック音楽は、教会における宗教儀式の際に鳴らされた音楽がその起源といわれています。

このように音楽は人間の根源的な営みと切り離せないものとして、また信仰や思想、民族性という人間の本質的な心情と密接につながって存在していたのです。

こうした音楽と人間の長い歴史に鑑みれば、音楽が人の感性に強く働き掛けるのはまったく不思議なことではなく、むしろ自然なことといえるのではないでしょうか。

音楽教育でどのように感性に働き掛けるのか

では、音楽教育ではどのように感性に働き掛けるのかを、私たちの教室での指導法を例に紹介しましょう。

私たちの音楽教室では、五感（視覚・聴覚・触覚・味覚・嗅覚）や、感情（喜・怒・

哀・楽）に働き掛ける指導を行っていますが、感性を磨くうえでは想像力を働かせることも大切です。さらに、自分がもっている知識やこれまでに体験してきたことを、音楽表現の世界に反映する力も必要になります。

講師たちは、子どもたちの想像力を刺激し、知識や体験を引き出したうえで、音楽を通してこれらを結び付ける体験を積んでいくようなレッスンを展開しています。

レッスンでの働き掛けの例としては、次のようなものがあります。

◎季節や天候、風景などの感覚を思い浮かべ、音の印象を連想する

まずは子どもたちに感覚のイメージをもたせることが大切です。暑い・寒いといった肌感覚や、自然の風物による季節感、青空・雨・雷などの天候などを思い浮かべてもらいます。そして、冷たい音、温かい音、硬い音、柔らかい音、激しい音、静かな音、深い音などの、音の印象を連想させていきます。

◎曲からイメージを膨らませて表現を磨く

音楽には踊るために作られ演奏されてきた舞曲がたくさんあります。例えば、メヌエットやワルツなどがこれに当たります。

メヌエットでは、「美しいドレスに身を包んだ貴族たちが軽やかに踊っている様子を思い浮かべてみましょう」というような働き掛けをします。子どもたちは、これまでに絵本や映画などで見た記憶を基に、きらびやかな舞踏会の光景を思い浮かべます。さらに、踊っている人たちが軽やかに体を動かしている運動感覚を伴ったイメージをもつことで、演奏がいきいきとしていきます。

また、ショパンの『小犬のワルツ』では、小さな犬が軽やかに駆け回るようなイメージを描きます。「ドタドタした演奏では、『大犬』のワルツになっちゃうよ！」などと声掛けをすると、子どもたちは自分が思い描いたかわいらしい小犬の動きをピアノで表現しようと奮闘し、音楽的な演奏に劇的に変わっていきます。

◎料理にたとえて理解する

小学校低学年くらいになってくると、音楽以外のものにたとえた説明によって、音楽の本質を理解することもできるようになってきます。

音楽においてテンポを一定に保つことは大切ですが、テンポにまったく揺れがないと、機械的な印象になってしまいます。そこで、意図的にテンポを揺らす奏法の「テンポ・ルバート」を使います。ただ、これは加減が難しく、不適切なテンポ・ルバートでは不自然な演奏になってしまいます。

それはまるで、料理における塩加減のようなものです。適量を入れればおいしく仕上がりますが、多過ぎても少な過ぎても料理の味を台なしにしてしまうのと同じです。

また、ヴァイオリンの表現に欠かせない技術としてヴィブラートがあります。このヴィブラートは料理の「隠し味」のようなもので、メインの味ではありません。料理で隠し味を多く入れ過ぎると味のバランスがくずれてしまうのと同様、ヴィブラートも「ここ」という場所にそっと忍ばせることで、表現に深い味わいを加えることができます。

このように料理にたとえて説明すると、これらの技法は「加減や使いどころが大事である」ということを子どもたちは自分の経験と照らし合わせて理解し、どのように表現するのが最も効果的かということを、自分の頭で考えたり、一流の音楽家による演奏を研究したりして、試行錯誤するようになります。

◎時代による楽器の違いを感じる

J．S．バッハのようなバロック時代の曲を演奏する際には、当時用いられていた楽器が、現代のピアノとは異なる楽器であったことを伝え、どのような場で演奏されていたのか、どのようなシチュエーションで用いられていた音楽なのかをイメージします。当時の鍵盤楽器はチェンバロやハープシコードなど、現代のピアノとは異なる音色や響きをもっており、音量にも違いがあります。それらを踏まえて、現代のピアノではどのように表現するのかを考えていきます。曲を演奏するうえで、さまざまな知識が複合的に結び付き、その曲にとって最適な表現を見出すことにつながります。

音楽を通じてさまざまな芸術にアプローチできる

このように、音楽を学ぶことを通して、子どもたちの感性は育まれていきます。

また音楽は、文学や美術、演劇などと関連した作品も多いので、音楽を通じてさまざまな芸術にアプローチすることができます。

例えば、歌曲や合唱曲のなかには、文学的価値が高い詩の一部が歌詞に使われているものがあります。

シューベルトの歌曲『魔王』はその典型で、18世紀から19世紀にかけて活躍したドイツの文豪ゲーテの詩が用いられています。

また、年末になると多くの人に歌われるベートーヴェン『第九（交響曲第九番）』の合唱パート『歓喜の歌』は、ゲーテと同時代を生きたドイツの大詩人、シラーの詩に曲を付けたものです。

そして、オペラ作品の多くは演劇や美術と結び付いています。

『ニーベルングの指環』や『マイスタージンガー』などの大作オペラで知られる19世紀ド

イツの音楽家ワーグナーは、自らの作品を「音楽、文学、美術、演劇が一体となった〝総合芸術〟」と称していました。

子どもたちにより身近な例を挙げるなら、映画も音楽と密接な関わりをもっています。ウォルト・ディズニーが１９４０年に制作した史上初のステレオ作品『ファンタジア』は、クラシック作品のオーケストラ演奏とアニメーションを組み合わせたもので、セリフがほとんどなく、音楽を聴いてもらうことが大きな目的の一つとなった映画です。

このように音楽作品のなかには、ほかの芸術との関わりが深いものが少なくありません。そうした意味では、音楽はほかの多くの芸術と関わりを持った多様性のある芸術といえるかもしれません。

より多くの音楽作品に触れることで感性は一層豊かになっていく

感性は、多くの音楽作品に触れることで一層磨きがかかり、多様性と深みをもたらす効果を期待できます。

クラシック音楽の名曲と言われてきた作品は、多様な時代、国や地域の作品が含まれています。そうしたさまざまな作品を鑑賞したり、演奏したりすることは大変有効だと考えられます。

過去の偉大な芸術作品とされるものは、時代を超えた普遍的な価値を認められてきたからこそ今まで残ってきたものです。このような作品がもつ本質的な美しさに触れることで、音楽に対する美的感覚が自然と養われていくことになるでしょう。

また、過去の作品で試されている独自の表現技法が、後の作曲家の作品で再び使われていることも少なくありません。

例えば、ベートーヴェンの後期の作品には、かつてJ．S．バッハが使っていた技法や形式を復活させて用いている例が見られます。

したがって、クラシック音楽の名曲についての素養があれば、現代の新しい音楽作品やさまざまなジャンルの曲に接するうえでも、それらの曲の構造や音楽表現の意図などに気づくことができ、さらには、多種多様な音楽への理解や共感を深めることにつながっていくでしょう。

音楽を学べばほかの芸術への世界が広がる

音楽がほかのさまざまな芸術の要素を含んでいたり関連したりすることはすでに述べましたが、その特徴により、音楽を学ぶことでほかの芸術への関心が促される効果も期待できます。

序章でも紹介しましたが、19世紀後半から20世紀にかけて活躍したフランスの作曲家ドビュッシーの作品を取り上げるときは、生徒と次のようなやりとりを行います。

「印象派のモネの絵を見たことある？」
「その絵をイメージして弾いてみましょう」

クロード・モネ（1840―1926年）はドビュッシーと同時代のフランスの画家で、印象派と呼ばれる芸術運動を起こしたことで美術史に名前を残しています。多くの人が、美術の教科書などで『睡蓮』や『積みわら』といった彼の代表作を目にしているはずです。

もし生徒がモネを知らなかったとしても、最近ではスマートフォンなどで検索し、「こういう絵だよ」と教えることができます。

そうやってモネの絵をイメージしながらドビュッシーの曲を弾くと、同じ時代、同じ国の芸術家であるからなのか、非常にしっくりとくる演奏になります。

このように、美術についての知識があれば、その音楽への理解もより深まることがあります。さらにいえば、文学、思想・哲学など、同時代のほかの芸術や文化の知識があれば、音楽作品への理解を深めることに役立ち、より説得力のある演奏表現につながるでしょう。

音楽を通じて、ほかの芸術への関心を高める効果も期待でき、結果として、子どもの感性を一層磨くことにつながります。

リトミックで0歳から音楽教育を始める

豊かな感性を育む上で音楽の素晴らしい点は、早期教育として0歳からでも取り組むことができることです。ほかの芸術では、そこまで早い段階から教育を行うことは難しいでしょう。

もちろん、0歳ではさすがにピアノやヴァイオリンなどの楽器演奏を習わせることはできません。神童と呼ばれたモーツァルトもクラヴィーア（ピアノの前身）に触ったのは3歳から、本格的に学び始めたのは4歳頃といわれています。

しかし、リトミックと呼ばれる音楽メソッドを使えば、0歳児でも音楽を学ぶことは十分に可能です。

リトミックとは、20世紀初めにスイスの作曲家であり音楽教育家でもあったエミール＝ジャック・ダルクローズによって提唱された音楽メソッドです。音・リズムに対する人間の自発的な身体的活動に着目し、音楽を通して心と身体を調和させることを目的としています。

もともとは音楽学校で専門に学ぶ人を対象に、より本質的な音楽のエネルギーを理解し、表現に役立てるために研究された教育プログラムですが、その中身は決して難解なものではありません。

むしろ乳幼児でもすぐに取り組める非常に直感的な内容で、そのため現在、世界で幅広く乳幼児の音楽教育にも活用されています。

リトミックは人間教育そのもの

リトミックは、まず音楽をありのままに自分の感覚で受け止め、自分の頭で考え、自分の身体に伝えることから始まります。音楽が本来もっている「うねり」に身を委ね、音楽のもつ緊張と弛緩（＝リズム・拍子）、テンポや強弱などの「流れ」を感じ取り、自分がイメージするままに身体を動かします。

決して、教えられたとおりの動きを模倣して、皆がそろって上手にこなすことが目的ではありません。この、自身で感じたことを正確に筋肉に伝え、動きとなって現れる一連の流れ（ダルクローズは「筋肉感覚」と呼び、人間の6番目の感覚としています）を育てることが、リトミックの大きな役割とされています。

リトミックで「筋肉感覚」を養うことによって、音楽のリズム・拍子感、豊かな表現力が自然に育まれていきます。また、このプロセスでは音楽能力だけには留まらず、「感受」、「観察」、「思考」、「判断」、「記憶」、「運動」といった、さまざまな能力が要求されます。

その結果、目の前のあらゆる事象、その細かな起伏にもしっかりと向き合って「感受」

し「観察」する力、それを表現に変換するために「思考」し「判断」する力、考えたプランを「記憶」し「運動」につなげるという「創造力」が鍛えられていきます。

このように誰もが潜在的にもっている基礎能力を引き出し、それをさらに伸ばしていくことが可能になるため、リトミックは人間教育そのものであるといわれることもあります。

リトミックは音楽教育の導入の役割を果たす

私たちの教室では「幼児リトミック＝ソルフェージュクラス」という形でリトミックのクラスを開いています。

このクラスでは、ピアノ演奏や次章で詳しく紹介するソルフェージュなどの学習を本格的に進める前段階として、まずは音楽が楽しいものであること、自分がすばらしい感性をもっていることへの〝気づき〟を提供できるようなレッスンを目指しています。

通常、大人数で行われることも多いリトミックですが、私たちの教室では、親子で参加できる個人レッスン、または少人数（定員6名）のグループレッスンで行い、一人ひとりに目が行き届く質の高いレッスンを行うことを心掛けています。

［図表２］リトミックとソルフェージュの要素

図表2のように「リズムと運動」「音楽遊び」「音楽鑑賞」「うた」「読み書き」「創造と表現」といった、リトミックとソルフェージュの要素をバランスよく取り入れ、講師や保護者、友達との触れ合いを大切に、無理なく楽しく音楽に親しんでいきます。動作や遊びを通じて、鍵盤や音符などへの興味も徐々に深め、本格的なピアノ等の楽器演奏やソルフェージュのレッスンへの導入につなげます。

リトミックでは身近な社会生活を模倣し、五感を刺激する

小さな子どもたちがリトミックを学ぶことで、具体的にはどのような形で豊かな感性を

養うことができるのか、実例を挙げてみます。

「音楽遊び」を例にすると、子どもにとって身近なもの、親しみやすいもの、実感しやすいものを題材に取り上げています。

序章でも触れたとおり、季節にちなんだ童謡や唱歌を歌ったり、天候をイメージした曲に合わせて、体を使って表現したりします。

また一日の流れも音楽で表現することができます。〝朝の音楽〟が流れたら、起きて歩いたり走ったりする動作で表現し、次に〝夜の音楽〟が流れたら、ゴロンとなって眠る様子を表現するという具合です。

このように季節や天気、一日の流れを音楽とともにイメージさせて表現することを通じて、自然や社会生活などの身の回りの出来事に対する感覚を学んでいきます。

そのなかで、「焼き芋の匂いってどんな感じかな？」「バナナって何色かな？」などと、音（聴覚）だけではなく、匂い（嗅覚）や色（視覚）などほかの五感も刺激するようなやりとりも試みます。

子どもたちにとっては、こうしたやりとりはすべて初めての体験ばかりですが、大喜びで取り組みます。

　レッスンが終わったあとも、好奇心たっぷりのいきいきとした表情が見られます。リトミックを受ける前と後とでは、明らかに子どもたちの中で何かが変わったことを保護者の方も実感されることが多いようです。

音楽教育を通じて自分で感じ、考える子が育つ

　リトミックが持つこうした教育的効果への関心は年々高まっています。実際、私たちの教室も「子どもに習わせてみたい」という問い合わせを受けることが多くなりました。

　特に、私立幼稚園や私立小学校の受験対策の一環として検討される保護者の方が増えています。

　古くから名門と呼ばれているような幼稚園や小学校のなかには、「自分の考えをしっかりともっている子」を育てることに教育の主眼をおいているところが少なくありません。

　例えば慶應義塾幼稚舎のサイトにある「幼稚舎の教育が目指すもの」では、次のようなことが記されています。

「多様な場と機会として用意している学内外の諸行事や活動への参加を通して、互いに競い合いながらそれぞれが違う能力と個性を持つ者として認め合い、助け合い、さらに互いを高め合っていく、そうした関係を作り出していくことで、子どもたちに『独立自尊』と共に『共生他尊』を身につけてもらおうと考えています。そして、その過程で自分で考える力を養い、自分で良いと思ったことは進んでするという、自分に対する誇りを持ってもらいたいと願っています」

また、学習院初等科では、教育目標を「真実を見分け、自分の考えを持つ子ども」と定めています。

リトミックは、まさにこのような「自分の頭でしっかりと考えられる力」を育むトレーニングにもなるでしょう。

感性が豊かになれば、より多くのことに興味をもったり疑問を抱いたりするなど、好奇心が旺盛になり、「理由を解き明かしたい」と知的探求心を強めていくことになります。結果として、興味関心の対象が次々と広がっていき、その内容について思考を巡らす知的習慣が自然と備わることになります。こうして、自分自身で感じ、考える能力がいつの間にか身につくことになっていくのです。

このように、音楽教育では0歳から子どもたちの感性を刺激することができ、子どもの成長とともに、より幅広く豊かなアプローチが可能になります。そうして育まれた感性は次章以降で扱う「論理的思考力」や「自己表現力」の土台にもなっていくのです。

［第3章］

「論理的思考力」を鍛える

〜物事の本質を捉える力を身につける〜

「論理的思考力」は音楽表現には欠かせない

音楽教室を訪れる保護者の方のなかには、「音楽に触れることで感性を磨いてほしい」「音楽を奏でることで表現力を養ってほしい」といった思いを口にされる方が一定数いらっしゃいます。ただ、30年以上にわたって音楽教室を営んできましたが、「音楽教育を通して論理的思考力を身につけさせたい」と言う保護者の方には出会ったことはありません。

それくらい、「音楽」と「論理的思考力」の関連性は知られていないのではないでしょうか。

この章では音楽教育を通してどのように「論理的思考力」が身につくかについて説明していきますが、まずは「論理的思考」とはどのようなものかを確認しておきましょう。

「論理的思考」とは、物事を体系的に整理し、筋道立てて矛盾なく考える思考法のことです。一般論やルールなどを前提として結論を導く演繹《えんえき》法や、さまざまな事実から導き出される傾向をまとめ上げて結論につなげる帰納法は、この論理的思考が活用されたものです。

論理的思考はビジネス書などで「ロジカル・シンキング」として紹介されることもあり、プレゼンテーションなどで相手に伝わりやすいように、理路整然と説明するための手段のようにも思われがちですが、本書で扱う「論理的思考」とは、もっと広く柔軟なものです。ここでの「論理的思考」とは、社会的規範や常識など、それまで当然と考えられていた認識や考え方に客観的な視点をもたらし、本当の意味で理にかなっているのかを考え、物事の本質にアプローチするために役立つ思考法なのです。

それでは、音楽のどのような場面で論理的思考を用いることになるのでしょうか。

クラシック音楽の曲を解釈し、いかに表現するかを考えていく際のことを考えてみましょう。

作曲家の生い立ちや作風の変遷などについての知識から「この楽曲の解釈は○○と考えられる。なぜなら、この時期の楽曲であればこの作曲家ならこのように考えていたはずだ」と論証したり、同じ作曲家のほかの曲の解釈から「同時期のほかの作品ではこのような解釈が見られるので、この作品にも適用できるのではないか」と類推します。あるいは、その時代の社会状況等の知識から「当時の時代背景を前提とすればこのような解釈が成り立つのではないか」と推論したり、作曲された当時に使われていた楽器についての知識から「この時代の楽器の特性を考慮すればこのような奏法になるはずだ」と仮説を立てます。

このように、楽曲を正しく解釈して説得力のある豊かな表現をつくっていく過程では、さまざまな知識を知っているだけでは不十分で、論理的思考を駆使して、論証、推論、類推、仮説構築といったアプローチで、それらの知識を実際の音楽表現に反映していくことが必要となるのです。

音楽は数学との関わりが深い

まず、西洋音楽での論理性を示すものとして、音楽の構成要素や法則の成立に数学が深く関わっていることが挙げられます。

この音楽と数学との関係性に関しては、二千年以上昔から研究が重ねられてきました。「三平方の定理」などを発見したことで有名な古代ギリシアの数学者ピタゴラスは、数学の知識を基に音楽の重要な法則についても明らかにしました。具体的には、人の耳に心地よく聴こえる音の背後には数学的なルールが存在することを発見したのです。プラトンがこういった音楽理論をアカデメイアの必修科目に加えたことは第1章で紹介した通りです。

ピタゴラスについては、次のようなエピソードが残されています。

「ある日のこと、道を歩いていたピタゴラスが鍛冶屋の前を通り掛かったところ、中では数人の男たちがハンマーを振るっている最中であった。何気なく鉄床に打ち付けられるハンマーの音を聞いていると、互いに響き合って快い音色を出すハンマーの音と、そうでないものとがあることに気づいた。不思議に思って、互いに響き合うハンマーだけを選んで調べて見ると、ハンマーの重量の間にごく単純な整数比の関係が見られることが分かった。その後、このような研究を効率的に続けるために、金属製のハンマーをモノコードと呼ばれる一弦琴に替え、さらに研究を深めていった。」（馬場良始著「ピタゴラス音律―小学校専門科目『数学』での実践―」『数学教育研究第41号』より）

このピタゴラスの発見を基に、「音律」という音の基準が定められました。西洋音楽は

［図表３］ 音律の展開

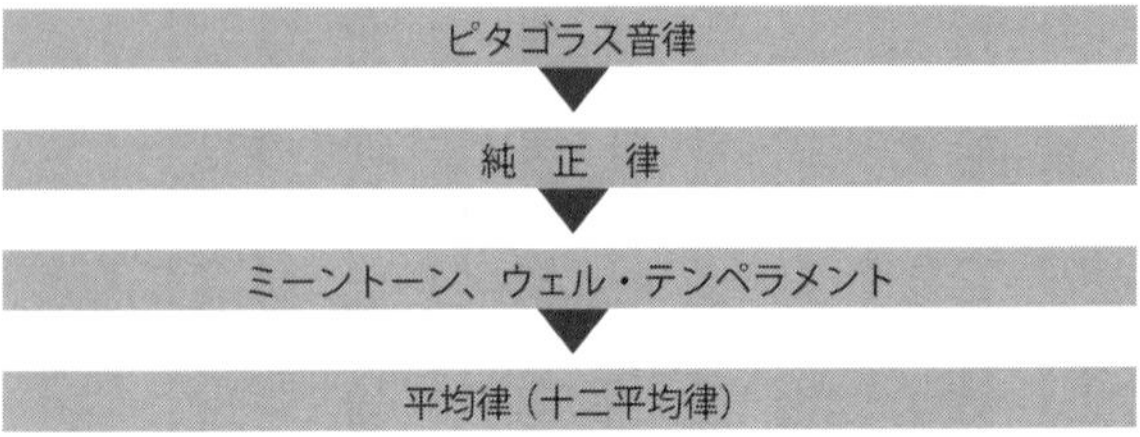

ピタゴラス音律には「ド」と「ミ」の響きが悪いなどの難点があった。それを解消するため純正律が生まれた。しかし、純正律にも転調が困難などの弱点があったため、ミーントーン、ウェル・テンペラメントなどが試みられ、最終的に、平均律が広く普及することになった。

この「音律」を基本として形作られ、そして今日ある姿に発展してきたのです（図表3参照）。

音楽は論理的に構成されている

論理的思考力を音楽教育によって習得できる理由として、音楽そのものが論理的に作られているということが挙げられます。

トーマス・エジソン（１８４７－１９３１年）が１８７７年に蓄音機を発明するまでは、音楽を直接記録する方法はありませんでした。そのため、口承以外では古代から楽譜によって音楽を記録し、演奏で再現してきました。

実際に古代から世界各国でさまざまな形の楽譜が存在していましたが、現在、広く用いられている五線譜は、イタリアの音楽理論家グイード・ダレッツォ（９９１または９９２－１０３３年以降）がその原型を考案し、その後、記譜法が洗練され、理論や規則の合理化や統一化がされる過程を経て、18世紀頃には現在の楽譜の形になっていきました。

楽譜は、縦方向は音の高さを表し、横方向は時間の経過を表します。そこに音符などの基本的な音楽記号に加えて演奏上必要なさまざまな記号や標語が配置されて成り立っています。これらは、数学における座標平面や変数、関数などの概念とも類似しています。このように、楽譜の構成は論理的な構造になっているのです。

楽譜の具体例として、次ページに挙げたのは『きらきら星』の楽譜です。

楽譜では、まずト音記号が記載されています。これは五線上の音の高さの位置を定義する記号で、ト音（ソ）の位置を示しています。その隣には「４－４」と書かれており、この曲が「４分の４拍子」であることが示されています。

そこから先は、おなじみの「ドドソソ、ララソ、ファファミミ、レレド……」という音符が並んでいます。

こうした楽譜の記号の指示にしたがって最後まで演奏すれば、誰でも『きらきら星』と

［図表4］『きらきら星』の楽譜

譜例1 『きらきら星』

譜例2　モーツァルト作曲『きらきら星変奏曲 K.265』

いう曲を奏でることができます。

その意味では、楽譜は設計図にたとえることができるでしょう。

工業製品の設計図は、その読み方を知っている者が図面どおりに組み立てることによって製品が完成します。しかも、どの製造業者が作ったとしても、同じ形のものが出来上がります。

これは、より複雑な曲になったときにも同様です。演奏する際には演奏者の個性が多かれ少なかれ出るとしても、基本的には聴く人が「あ、これは『きらきら星』という曲だな」と認識できる音の形が生まれます。

補足ですが、モーツァルトはこの旋律を用いて『きらきら星変奏曲 K.265』というピアノ作品をつくっており、プロのコンサートでも演奏される人気の曲です（図表4参照）。また、ヴァイオリンを始める方が使うことが多い『鈴木鎮一ヴァイオリン指導曲集 1』の最初の曲は『きらきら星変奏曲（鈴木鎮一 作曲）』です。さらに、童謡として子どもが歌う機会も多いと思います。このように、『きらきら星』は現在もさまざまな形で広く親しまれている曲といえるでしょう。

アインシュタインはヴァイオリニスト

高度な論理的思考力が求められる科学者には、音楽愛好家が少なくないというのも興味深い事実です。

例えば、相対性理論の発見で知られ、1921年にノーベル物理学賞を受賞したアルベルト・アインシュタイン（1879―1955年）は、ヴァイオリンの演奏を生涯の趣味とし、とりわけモーツァルトの曲を好んでいたことが知られています。

アインシュタインは「死とは何か」と問われたときに、「モーツァルトが聴けなくなることだ」と答えたほどです。

また、2002年にノーベル物理学賞を受賞した小柴昌俊氏、2008年に同じくノーベル物理学賞を受賞した益川敏英氏もクラシック音楽の愛好家として知られています。小柴氏はモーツァルトを好み、益川氏はバッハ、ベートーヴェン、バルトークが好きと、あるインタビューで答えています。

他にも、歴史に名を残す科学者と音楽との深い関わりを示す、次のような事例があります。

・物理学者、天文学者のガリレオ・ガリレイ（１５６４―１６４２年）の父は音楽家・音楽理論家として知られた人物で、音楽的な家庭で育った。晩年の著書の『新科学論議』では協和音について論じた

・惑星の運動に関する「ケプラーの法則」で有名なヨハネス・ケプラー（１５７１―１６３０年）は音楽に傾倒し、ピタゴラスが着想したとされる「天球の音楽」の考えを支持し、著書『宇宙の調和』で音楽論を展開した

・哲学者、数学者のルネ・デカルト（１５９６―１６５０年）の最初の著作は『音楽提要』

・「オイラーの公式」で知られる数学者レオンハルト・オイラー（１７０７―１７８３年）は和音に関する数学的な指標「快適度」を考案した

子どもたちは演奏の練習で論理的思考力が鍛えられていく

　では、次に演奏の練習を通じてどのように論理的思考力が育まれていくのかを見ていきましょう。ピアノの場合、子どもがある曲を弾けるようになるためには、何度も練習を重ねることが必要になります。だからといって、その曲の頭から終わりまでを常に、繰り返し弾くことは合理的ではありません。

　例えば、練習している曲の構成（パターン）が、ＡＢＡという三部形式になっているとしましょう。

　この構成では、最初のＡのパートと最後のＡのパートでは音符の並びがほとんど同じになります。そのため、「Ａのパートはまったく問題なく弾くことができるけれど、Ｂのパートは複雑で何度も弾き間違えてしまう」という場合には、曲全体を通して繰り返し練習するのではなく、Ｂのパートだけを繰り返して練習すれば、効率よく練習ができます。

　このように、曲の練習をするときには、最も効率的な練習方法を考えるために、曲の構成を把握しておく方が望ましいでしょう。もちろん、最初のうちは講師の助けが必要ですが、何曲も取り組んでいくにしたがって、練習を始める前に楽譜全体を眺めて、その曲の構成を捉えることができるようになっていきます。

また、ある曲を練習しているときに、その曲が別の曲と似通った構成であることに気づくこともあります。

例えば、ソナタ形式と呼ばれる曲は、提示部、展開部、再現部、結尾部（コーダ）という4つのパートからなります。ピアノを学ぶ初中級者が取り組む曲集として定番のものに『ソナチネアルバム』（さまざまな古典派の作曲家が作ったソナチネ曲集）がありますが、「ソナチネ」とは小規模なソナタという意味で、この曲集に収められている楽曲の第一楽章はソナタ形式で作られています。それを知識として知っている場合はもちろん、知らなくても構成を考えながら曲に接する習慣がついていれば、新しい「ピアノ・ソナタ」という曲に出合ったときに、「あ、これは前に弾いた『ソナチネ』と構成が同じだ」などと子どもは気づくようになります。

こうした体験を通じて、論理的に物事を明らかにしていく論理的思考力が自然と身についていくのです。

音楽の場合は楽譜から情報を読み取りますが、国語などの教科学習では、日本語の文章から情報を読み取るということになります。それを意味のまとまりごとに整理して、その文章がどのように構成されているのかを捉える力は、すべての教科学習の基礎です。欧米諸国の音楽教育を受けた子どもたちが、通常の教科学習でも優秀な成績をおさめているというのは、論理構成を把握する力を、音楽を楽しみながら身につけていることも無関係ではないかもしれません。

楽譜をすらすら読めるようになるソルフェージュとは?

小学校に入って国語が始まると、ひらがなを書く練習や音読などからスタートし、日本語の読み書きができるようになるためにさまざまな訓練を行っていきます。それと同じように、音楽の場合は、音符などの音楽記号で書かれた楽譜について、素早く正確に読んで演奏できるようになるための訓練が必要になります。

そこで力を発揮するのが「ソルフェージュ（solfège）」です。

ソルフェージュとは、音楽全般の基礎を養うことを目的とした教育メソッドで、次のような効果を得ることが期待できます。

・楽譜を正確に理解して演奏できるようになる
・表現力の豊かな演奏ができるようになる
・読譜（楽譜を読むこと）が速くなり、短期間で曲を演奏できるようになる

このような効果のあるソルフェージュですが、日本では、ピアノ等を学ぶうえでの初歩の学習として位置づけられることが少なくありません。場合によっては簡単に扱われたり、省略されたりすることもあるほどです。

一方、欧米では、音楽を深く理解して表現豊かな演奏をするためには、ソルフェージュを学ぶことがどのようなレベルの人にとっても必要であると考えられていて、長期にわたってその学習を続けるのが一般的です。

ソルフェージュの学習内容

ソルフェージュで取り扱われる学習内容は多岐にわたりますが、主なものとしては、①視唱、②聴音、③リズム、④楽典、⑤音読み、⑥初見視奏、⑦伴奏付けがあります。それぞれの概略を見ていきましょう。

①視唱

楽譜を見て、音程やリズム等を正しく「ドレミ」で歌えるようになるための訓練です。視唱は音楽を学ぶうえでいちばんの基礎であり、声楽を学ぶ人だけでなく、すべての楽器、作曲を学ぶ人にも大切な学習です。

視唱の学習を通じて、自分の声と耳で正しい音程やリズム等を感じることができるようになります。

②聴音

良い音感を身につけるための学習です。「演奏」が楽譜を見て音にする行為であるのに対し、「聴音」は音を聴いて楽譜にするという行為です。演奏と聴音はちょうど逆の関係になります。耳だけで拍子、音程、音価（楽譜上におけるその音の時間の長さ）などを正確に判断できなければ五線紙に書き取ることはできません。そのため、聴音の学習を通じて、実際の音と楽譜との関係を理解できるようになっていきます。

聴音はさらに、⑴旋律聴音と⑵和声聴音に分けることができます。

⑴旋律聴音

ピアノで弾いた旋律を聴いて五線紙に書き取ります。1つの旋律を聴き分ける聴音を単旋律聴音、同時に演奏される複数の旋律を聴き分ける聴音を複旋律聴音といいます。

⑵和声聴音

和声とは、複数の和音を音楽的な規則にしたがって連結することをいいます。ピアノで弾いた和音（例えばドミソ、シレソ等）を聴いて、音を当てたり五線紙に書き取ったりします。和声の響きを聴き分ける訓練です。

③リズム

拍子感とリズム感を身につけるための学習です。リズム譜を見て、一定のテンポを保ちながら、手でたたいたり声に出して読んだりします。実際の曲のなかで出てくるリズムパターンだけでは限りがあるので、拍子とリズムの習熟のために、リズム譜で多様な拍子やリズムを学習する必要があります。

④楽典

楽典とは、音楽の記譜に関する原理や規則の学習です。楽譜で用いられる音楽を書き表すための諸記号と、基礎的な音楽理論について学びます。

具体的には音、音名、譜表、音符と休符、リズムと拍子、装飾音、略記法、さまざまな記号や標語、音程、音階、和音と和声など、楽譜を理解するのに必要な知識を学習します。理論的な学習内容のため、実践的な訓練であるソルフェージュとは別のカテゴリーに分類されることもあります。

⑤音読み

音部記号（ト音記号、ヘ音記号など、楽譜上で音の絶対的な高さを決めるための記号）にしたがってすばやく正確に楽譜の音を読むための訓練です。「クレ読み」と呼ばれることもあります。クレ（clef）とは、フランス語で音部記号を指す言葉です。視唱と似ていますが、音読みでは特に音部記号の違いを認識して、音をすばやく正確に読むことに重点がおかれます。

⑥初見視奏

初めて見る楽譜をすぐに演奏することを目的とした学習です。事前に楽譜を一定時間見て（予見）、そのあとすぐに一度だけで正しく演奏します。今まで学んできたソルフェージュのさまざまな知識と演奏を直接結び付けるための効果的な訓練になります。

⑦伴奏付け

旋律（メロディー）に和声（ハーモニー）を付けていく学習です。メロディーにどのような音が使われているのか、どのような音が合うのかを考えながら曲のイメージを膨らませ、実際の音と楽譜上で確かめていきます。優しいメロディーに簡単な和音を付け、正しい和声であれば美しい音楽になることを、実践を通じて確認していきます。

このようにソルフェージュで学ぶべきことは少なくありませんが、教室で子どもたちに教えるときには無理なく学習できるような工夫を凝らします。

例えば、初見視奏などはクイズ感覚でチャレンジするような雰囲気のなかで進めると、子どもたちは楽しく取り組むことができます。

生徒のなかには、いつものレッスンとは違うことをするのを新鮮に感じるからなのか、心の底から楽しんでいる子が多い印象です。

ソルフェージュで幼児期から論理的思考力を養える

ソルフェージュを学ぶことで、音符などの〝音楽語〟で書かれた楽譜を実際の音に結び付けて読みこなせるようになります。

そうして楽譜を正しく読みこなせるようになれば、音楽作品の論理構造を的確に分析できるようになります。

さらに、レッスンや練習のなかで楽譜を読みこなして曲の論理性を自分の頭で考える作業を繰り返すうちに、子どもは論理的思考力を身につけていきます。

こういったソルフェージュの学習は５～６歳から始めることができます。子どもたちは音楽教育によって、就学前から楽しみながら論理的思考力を養うことができるのです。

【コラム】開成中学校・高等学校にはピアノの授業がある

東京大学の合格者数が全国で最も多いことで知られる開成中学校・高等学校では、音楽教育を非常に重要視しています。

一般社団法人全日本ピアノ指導者協会（PTNA）のサイトに掲載されている「開成中では全員がピアノを弾いている！」という記事によれば、中学校ではピアノの演奏方法が教えられ、高校では作曲の授業も選択できます。その授業では、音楽大学でも使われているテキストが用いられているというのですから本格的です。

また、東大に合格するためには、例えば次の一文で示されているように論理的思考力が不可欠であるといわれています。

「実は東大の問題というのは、（中略）『知識の運用能力』を問うものばかりなのです。最低限の知識しか求めないけれど、論理的思考力がないとどんなに頑張っても解くことができない、そんな問題が多いのです。」（サイト「現代ビジネス」中の西岡壱誠著「現役東大生が教える『論理的に考える力』の鍛え方　東大入試で問うのは『知識量』ではない」より）

開成中学校・高等学校が数多くの東大合格者を生み出し続けているのは、もともと勉強熱心な生徒が集まっていることもあるのでしょうが、もしかしたら同校の音楽教育の効果も少なからず影響しているのかもしれません。

［第4章］

「自己表現力」を養う
～ありのままの自分で社会と調和するために必要な力とは～

発表会は「自己表現力」を伸ばす機会

音楽は言葉を介さずに人の心を動かし、時に涙させるほどの力をもっています。巨匠と呼ばれる音楽家たちは、国や人種などのあらゆる境界を超えて、私たちに魂が震えるほどの感動を与えてくれます。その一つの要因として、巨匠たちの卓越した「自己表現力」が挙げられます。

自己表現力とは自分の内側にあるものを、他者が五感で知覚し認識できる状態にして、アウトプットする力です。ただアウトプットすればよいというものではありません。受け手に伝わらなければ、その表現は独りよがりのものになってしまいます。音楽の場合でいうと、聴き手がその表現を受容し、共感したり感動したりして初めて、説得力のある自己表現となるのです。そのためには、客観的な視点をもち、表現として許容される枠組みのなかで、いかに独自性や新奇性を出せるかがポイントになります。

音楽教育において、その自己表現力を磨く機会となるのが、音楽教室で行われる発表会です。

発表会は、普段の練習の成果をご家族、ご親戚の方やご友人に披露する機会ですが、同時に、子どもたちの自己表現の場であり、創造性を発揮する場でもあります。

発表会に参加する子どもたちは、課題となる曲と向き合うと同時に自分の内面とも対話し、先生からのアドバイスをヒントに自分の頭で考えて、自分なりの表現を形作っていきます。

そのプロセスにおいて、自己表現力が磨かれるのです。

発表会で「自己実現」を体感する

自己表現ができるということは、自分の考えを独自のやり方で人に伝えられるということでもあります。その自己表現力は、表面的な形だけの表現とは一線を画します。人の心を動かし、物事を成し遂げる力を身につけた子どもには、「自己実現力」とも呼ぶべき力が備わっているといってよいでしょう。

「自己実現」とは、心理学者のアブラハム・マズロー（1908―1970年）によれば「人間本来のありのままの姿」になることです。つまり、自分の能力や気質などに最も適し、心から夢中になれる活動を見つけ、自分らの可能性を発揮できるようになること。それが社会に受け入れられ、社会貢献にも繋がり、社会と調和している状態を指しています。

音楽が好きで、夢中で練習に励み、発表会という舞台で自分なりの表現を演奏という形でアウトプットをした結果、観客に大きな拍手をもって受け入れられる――。

それはまさに、子どもたちが「自己実現」の一端を体感する瞬間です。


発表会にかける子どもたちの意気込みには並々ならぬものがあります。とはいえ、気持ちだけが空回りしていては、この自己実現の域に達することはできません。

自己実現に至るような豊かな表現力のためには、その曲に必要な演奏技術を計画的に身につけたり、曲を理解するための知識を整理してインプットしたりすることが必要になります。さらに、練習の成果を十分に発揮するには、体調の管理も重要です。

こういった目の前の課題を明確にして計画的に対処したり、想定されるリスクを洗い出してリスクマネジメントしたりするのが「問題解決力」です。

この「問題解決力」は、自己実現のためのツールの一つであり、社会に出てからも大いに役立つ力でもあります。

問題解決力とは?

「分からないことがあると、自分で考えるより先に、答えを検索しようとする子どもが増えた」という声が、この十数年の間に教育現場でよく聞かれるようになりました。

その背景には、インターネットの発達やデジタルデバイスの普及があります。いまや、幼児でもスマートフォンやタブレット端末を器用に操る時代です。もちろん、私たちがそれらのツールから多大な恩恵を受けていることは事実ですし、子どもたちが疑問を解消しようとすること自体は悪いわけではありません。

しかし、未知なる問題・課題に出合ったときには、既存の情報を検索するだけで解決できるとは限りません。自分の頭で考えて、問題・課題の中身を分析し、解決策を立案し、実行していく力が必要になります。

それがまさに、「問題解決力」です。これには、問題・課題を緊急度や重要度に応じて優先順位を付ける判断力も含まれます。なぜなら、人生において現れる問題・課題は一つではないからです。

実際に問題・課題を解決していくためには、その内容を分析し、「どのようにすれば解決できるのか」を探ります。そして解決方法や手順、スケジュールを計画し、解決に向けて実行していきます。

こういった問題解決力は、危機に対処するためだけのものではありません。自分の夢や目標を実現していくうえでも不可欠で、子どもたちが幸せな未来を手に入れていくためにも欠かせないものだといえます。

早い段階で問題解決力を身につけて伸ばしていくことは、子どもたちのこれからの人生に必ずプラスになるはずです。未知の問題・課題を目前にしたときに、逃げることなくピンチをチャンスととらえて取り組み、成長の機会として活かせる大人に育っていくことでしょう。

この問題解決力は、発表会に向けて能動的に取り組む過程で培われていくことになるのです。

発表会が「問題解決力」を身につける機会にもなる

発表会は、コンサートホールなど、特別な場所を用意して行われるのが一般的です。子どもたちは、プロの音楽家と同じように、多くの人の前で曲を披露します。

コンサートホールは、子どもたちにとって非日常の特別な空間です。普段の家や教室で演奏するのとはまったく異なる環境で、独特の雰囲気も漂います。舞台に一人で立ち、自分が主役となって注目を集めるという経験は、日常ではなかなかできるものではありません。

そのような特別な機会を、発表会に参加する子ども一人ひとりが経験することができます。

音楽教育において、緊張感のなかで練習の成果を披露するという意味では、コンクールやオーディションという場もあります。しかし、コンクールやオーディションに出るためには、技術的に一定以上のレベルに達している必要がある場合がほとんどで、その機会に挑戦できるのは、音楽を学ぶ子どものなかでも、ごく一部です。また、順位付けや合否という評価がなされる場であり、〝発表会〟とは本質的に異なります。

緊張感のある舞台で練習の成果を発揮するという意味でいうと、スポーツ競技における試合に通じるところもあります。しかし、スポーツの場合、集団競技であれば必ずしも全員が等しく試合に出られるわけではありません。また、多くの競技では、勝ち負けや順位が付きます。そのため、すべての子どもが等しく「主役になる」という経験ができるわけでもありません。

以上のことから、音楽教育における発表会は、ほかの習い事では得難い機会だともいえます。

では、〝発表会〟という機会を通して、子どもたちはどのように問題解決力を養うことができるのでしょうか。その詳細を見ていきましょう。

発表会の中身は？

ここで、具体的な事例として、私たちの音楽教室で毎年開催している発表会について紹介します。

会場はプロの音楽家が演奏会を開催するような本格的な一流のコンサートホールで、スタインウェイ&サンズやベーゼンドルファーなどの世界最高クラスのコンサートグランドピアノを使用します。

また、格式の高い雰囲気のなかで行われるよう、演奏会のマナーへの配慮なども徹底することを心掛けています。

演奏会のマナーには、演奏者側のマナーと、聴衆側のマナーがあります。子どもたちは演奏者として、舞台の出入りの仕方やお辞儀の仕方などの作法を学びます。また、聴衆側として、演奏中に静かに聴くことはもちろん、拍手のタイミングなど、一般のコンサートに行ったときにも恥ずかしくないようなマナーを身につけます。

この定期演奏会は、生徒一人ひとりのソロ演奏に加え、親子連弾やグループ連弾、合唱や合奏などのアンサンブル企画を含む多様な演目で構成しています。

発表会の目標は「本番に向けてベストを尽くす」こと

音楽教室の生徒たちが発表会に参加する目的はさまざまです。

生徒としては、この曲を舞台で弾いてみたい、たくさんの人に自分の演奏を聴いてもらいたいといった思いを抱いているでしょう。

保護者の方には、成長の機会になってほしい、同世代のほかの子どもたちから刺激を受けてもらいたいといった願いがあったり、または家族の記念のイベントとして位置付けていたりなど、いろいろなとらえ方があります。

いずれにしても、共通している目標は「本番に向けてベストを尽くす」ことです。それが音楽を通じた感動体験や喜び、成長につながります。

年齢やレベルによって、設定する課題は変わりますが、子どもたちは「自分なりの完璧な演奏」や「自分なりの理想の音楽表現」を目指します。

演奏する曲の成り立ちや時代・社会・文化的背景まで理解する

初めて発表会に出演する場合や、幼年期の子どもであれば、「最初から最後まで、間違えずに弾く」ということがいちばんの課題となるでしょう。しかし、習熟度や子どもの年齢が上がってくると、それに応じて課題のレベルも上がってきます。課題のレベルが上がると相応の表現力も必要になります。表現力を高めるためには、演奏技術だけでなく、曲に対する理解を深めることが必要になってきます。

具体的には、作曲家や曲のテーマ、作曲された時代の歴史的・文化的背景などさまざまな要素の知識を身につけることで、曲をより深く理解することができます。

例えばベートーヴェンの『エリーゼのために』を演奏するのであれば、次のような知識を備えておくと、曲を表現するうえでの手掛かりになります。

・ベートーヴェンはどのような作曲家だったのか
・ベートーヴェンが何歳のときに作曲された曲なのか
・『エリーゼのために』の作曲の背景や作品の位置付けについて
・作曲された当時の時代・社会・文化的背景について

また、クラシック音楽は、「バロック」「古典」「ロマン」「近現代」の時代区分がありますが（図表5参照）。演奏する曲がそうした時代区分のなかでどのような様式として位置付けられた作品なのかなどを理解しておくと役に立ちます。小学生くらいになってくると作品に関するさまざまな知識を講師から教わったり、あるいは自分で伝記や音楽史などの参考図書を読んだりして、より表現豊かな演奏を目指していきます。こうして、課題の難易度が上がるにつれて、要求される問題解決力も高度になっていくのです。

本番の舞台でも克服すべき問題がある

さらに、本番の演奏でも数々の問題に直面することになります。

発表会場となるコンサートホールは、日頃生徒がレッスンを受けている教室や練習をし

［図表５］クラシック音楽の時代区分

時代区分	主な作曲家・作品
バロック （1600年頃〜1750年頃）	モンテヴェルディ、パーセル、ヴィヴァルディ、ラモー、バッハ、ヘンデル
古典 （1750年頃〜1820年頃）	ハイドン、モーツァルト、ベートーヴェン
ロマン （1820年頃〜1920年頃）	シューベルト、メンデルスゾーン、ショパン、シューマン、リスト、ワーグナー、ブラームス、チャイコフスキー、ドヴォルザーク、マーラー、シベリウス
近現代 （1920年以降）	ドビュッシー、スクリャービン、ラフマニノフ、シェーンベルク、ラヴェル、バルトーク、ストラヴィンスキー、プロコフィエフ、ショスタコーヴィチ、メシアン

ている自宅の部屋などとはまったく異なる環境です。

広々とした舞台、初めて触れるピアノ……。音響もまったく異なります。そして、何よりも大勢の観客が目の前にいて、自分が注目されているというのは、子どもたちにとって特異な状況です。

そうした普段とはまったく違う環境のなかで、子どもたちは曲を弾き切らなければなりません。しかも、一度舞台に上がってしまえば、誰の助けも借りることはできないのです。

こうした状況がどれだけ大きな緊張とプレッシャーを子どもたちに強いるものなのか、想像できるのではないでしょうか。

練習のときには当たり前のようにできていたことが、本番では緊張のためにできなくなることもあるかもしれません。

存分に力を発揮するために、例えばアスリートなどが行っているような緊張を克服するためのメンタルトレーニングを試みてもよいでしょう。そういったアプローチは、いずれ社会に出て、大勢の聴衆の前でプレゼンテーションをしなければならないなどという場面に立ったとき、きっと役に立つはずです。

ゴール（目標）から逆算して計画を立てる

「自分なりの完璧な演奏」や「自分なりの理想の音楽表現」というゴール（目標）にたどり着くまでには、多くの課題を一つひとつ確実にクリアしていくことが必要です。

そのためには、目標達成に向けた計画をしっかりと定めなければなりません。

例えば、発表会が3カ月後だとすれば、そこから逆算して「いつまでに楽譜を覚えなければならないのか」「必要な演奏技術をいつまでに習得しなければならないのか」などをまず考えます。

そのうえで、「前半部分を○月○日までに完璧に弾けるように練習しよう。それから後半は○月○日までに……」というように、個々の課題を解決するための、具体的な計画を立てます。

発表会を通してこうしたマネジメント能力を磨いていくことは、将来、受験や仕事の場面でも役立ちます。

受験では、「合格に向けてどのような勉強をいつまでにしなければいけないのか」ということに、自ら考えて取り組むことができるでしょう。

また、将来、社会人になる頃には、納期や予算などの制約があるなかでも、効率よく質の高いアウトプットを実現できるような問題解決力が身についているはずです。

このような、社会人になっても役に立つ力を、子どもたちは発表会の機会を通じてトレーニングし、養うことができるのです。

経験から学び、さまざまな状況に対処できるようになる

音楽を学ぶ子どもたちは、発表会のたびに自分のゴールを設定し、その達成に向けて計画を立て、一つひとつ課題を解決できたという成功体験を積み重ねていきます。

しかも、それぞれの発表会で経験することは、いつも同じではありません。毎回新たな問題・課題に直面することになります。

次の三つの要素に分けて見ていきましょう。

第一に、技術の面でいうと、舞台で演奏する作品の難易度は回を重ねるごとに上がります。そのため、発表会のたびに、新たなテクニックや、より豊かな表現力の習得が必要に

なります。

私たちの教室を例に挙げれば、子どものレベルに応じて生徒と講師が相談して選曲します。

昨年演奏した曲がベートーヴェンの『エリーゼのために』だとしたら、今年はショパンの『小犬のワルツ』かもしれません。

そのため、発表会ごとに、曲に応じた新たな課題に取り組むことになります。

第二に、子ども自身のコンディションの面です。子どもたちの体調は日々異なります。発表会当日に、万全の体調でのぞむためにはどうしたらよいのか。風邪を引かないように手洗いやうがいをしたり、睡眠をきちんととったりといった対策を、子どもたちは経験を積みながら学んでいきます。

ただ、どれだけ気を付けても、前日に緊張して眠れなかったとか、当日緊張しておなかが痛くなったとか、発表会という特別な場面では、さまざまなトラブルが起こり得ます。緊張したときに自分はどうなるのか。それにどう対処すればよいのか。子どもたちはさまざまな予想外の経験をしながら、自分に合った対処法を見つけていきます。

第三に、子ども本人の個人的な環境です。年齢に応じて、また家庭の状況に応じて、子どもを取り巻く環境は変化します。

例えば、小学校高学年であれば、中学受験の勉強に追われている子もいます。そのなかで、どのように練習時間を確保するのか。効率よく練習を進めるのか。そういった両立の課題に挑み、克服できた子どもは、将来、例えば仕事と子育てをどう両立していくかといった場面でも、自分の頭で考え、最適なやり方を見つけて乗り切れる大人になることでしょう。

このように、発表会という機会を通して、目標に対して計画・実行・改善といったプロセスを繰り返すことによって、多種多様な問題に対して対応できる力が身についていき、問題解決力が養われていくのです。

最後までやり切ることで得られる自己肯定感

さらに、演奏を最後までやり終えて満足のいく結果を得られれば、大きな自信と自己肯定感が子どもにもたらされることになります。

実際に、演奏を終えた生徒が舞台裏で、感極まったかのように「私、よくできたよね！」と自分自身を褒めている姿を見ることがあります。

大勢の人の前で演奏してやり遂げたという満足感は、大きな自信となります。自らの限界に挑み、それを乗り越えたという達成感もあるでしょう。これらの感情は自己肯定感の醸成につながります。

一方で、ステージから下りたあとに、冷静に自分を見つめている子どももいます。

例えば、おうちの人やお友達が「すごい！　上手だったね！」「すばらしい演奏だったよ！」と称賛してくれたとしても、細かいミスや思いどおりにいかなかったところは、演奏している本人には全部分かっています。その経験を通して、「人はごまかせても自分はごまかせない」ということを学びます。

そのように自分と向き合った経験のある人とない人では、勉強や仕事などの場面で意識や取り組み方が変わり、得られる成果も変わってくるのではないでしょうか。

舞台での失敗は、将来の成功につながる

発表会で思うようにはいかなかったとしても、そこから得られるものは少なくありません。失敗からも、学べることが数多くあります。

例えば、本番で、緊張のあまり暗譜していたはずの曲が分からなくなって演奏が止まったり、いつもの練習ではまったく間違えなかったようなところでミスをしてしまうこともあります。

失敗した子は、舞台が終わったあと、当然、ひどく落ち込むことになるでしょう。

しかし、それだけでは終わらせずに、「なぜあんな失敗をしたのだろう」とその理由をしっかりと考えさせることで、成長の機会につなげることができます。

「もしかしたら、暗譜が十分でなかったのかもしれない」

「このパートはもう大丈夫だと思い込んでしまって、練習をおろそかにしていたのかもしれない」

などと、思い当たることはきっとあるはずです。次の発表会のために、どのように改善

していくのかを考える時間をつくることで、発表会での失敗は、将来の成功につながっていきます。

本番での失敗を振り返ることは、本人にとってつらいことかもしれません。

しかし、「次にうまく演奏するためには何をすべきか」という方向に意識を向けることで、その子に多くの精神的成長を促します。

発表会での体験から「本番までに十分な準備をしないと最高のパフォーマンスを出せない」と学ぶことは、将来、受験や就職試験などの場面においても、良き教訓となるに違いありません。

アンサンブルでコミュニケーション力と協調性が身につく

音楽の演奏は、一人だけでなく複数人で楽しむこともできます。私たちの教室の発表会の事例で紹介した、連弾、合唱や合奏などのアンサンブルがそれに当たります。例えばピアノとヴァイオリン、複数のフルートの合奏などがあります。

そのように、ほかの人たちと一緒に演奏する体験には、一人で演奏しているときとは異なるさまざまな学びがあります。

まず、アンサンブルではソロのときとは練習方法が変わってきます。皆で一つの曲に取り組むなかで、「ここはこう弾いたほうがいいのでは」などと話し合いをしたり、「どう思う？」などと尋ね合ったりするやりとりが出てきます。

アンサンブルを行うなかで、「同じ曲でも、人によってとらえ方や解釈の仕方はそれぞれ違う」ことに気づくこともあるでしょう。

自分はどう考えるのかという意見をきちんともったうえで、相手の考えにも耳を傾け、チームとしての答えを導き出す。そういった一連の経験を通して、一人で物事を進めるときよりも、よりレベルの高い問題解決力を身につけることができます。

また、ほかのメンバーに対する責任感も自然と生まれることでしょう。

アンサンブルに取り組むことで、コミュニケーション力が磨かれ、協調性も身につくことになります。

これらの力は、学校や仕事等の場面で、複数のメンバーでチームとしてプロジェクトに当たる場面において大いに役立ちます。

発表会への参加が子どもの可能性を伸ばす

「うちの子には発表会はまだ早いのでは」「練習時間が十分にとれないのに大丈夫だろうか」などと、お子さんを発表会に参加させることをためらう方がいます。

しかし、発表会には子どもの成長を促す計り知れない効果があります。また、仮に思うように演奏できなかったとしても、その経験から得られるものがあることは、先に述べたとおりです。

毎年、発表会に参加する子は、本番の舞台での演奏という目標が設定され、その過程の経験を積み重ねることによって着実に演奏能力が向上し、弾く曲のレベルも上がっていきます。そのため、発表会に出る子と出ない子とでは、差が広がってしまいます。そうすると、「比べられるのが恥ずかしい」という気持ちが先立ち、ますます発表会に出られないという悪循環に陥ってしまうのです。

子どもの年齢が上がるほど、初めて発表会に参加するときは、本人にとって勇気が必要になる傾向があります。保護者の方には、ぜひお子さんが〝初めの一歩〟を踏み出す手助けをしていただきたいと思います。

ここで、発表会に際して、保護者の方に意識しておいていただきたい点についても触れておきましょう。

発表会では、保護者の方のサポートが不可欠です。

まずは、発表会に参加するか参加しないかを、お子さんとしっかり話し合い、決断することです。やると決めたことを初志貫徹しようとする強い気持ちが、子どもの成長を促します。

次に、発表会への参加を決めたら、演奏する曲を決めます。どのような曲を弾くか考えるのは、ワクワクすることだと思いますが、高い完成度を目指して長い期間向き合っていく曲になるので、先生と相談しつつ、複数の候補曲の中から決めるとよいでしょう。最後は子ども自身が自分の意思で納得して決めることが大切です。それが、その後の頑張る意欲につながります。

発表会はプロジェクトです。子どもと一緒に目標に向けて具体的な練習計画を立てたり、進捗管理を行うなど、親がプロジェクトマネージャーとしてサポートするとよいでしょう。もし、親に音楽の経験がなくても、仕事の経験などを活かした強力なサポートができるはずです。

また、ピアノ以外の楽器であれば、本番に向けて楽器の調整やメンテナンスも行っておく必要があります。例えば、ヴァイオリンであれば、楽器店や工房で楽器本体の調整に加え、消耗品である弦の交換や弓の毛替えが必要です。

そして、衣装や靴の準備もしていきましょう。子どもが自分で衣装を選ぶ楽しみは、音楽の発表会ならではのことだといえるでしょう。〝お姫様のようなドレス〟や〝王子様のようなタキシード〟を身につけることが、発表会へのモチベーションにつながることもあります。本人の希望を聞きながら、晴れ舞台にふさわしい衣装を準備してあげてください。

本番が近づいてきたら、アスリートが試合にのぞむ場合と同じように、体調管理のために食事に気を配るといったケアも、お子さんが本番で実力を発揮するためには大事なことです。心理的なサポートも忘れてはなりません。子どもは人知れず「本番でしっかりと演奏できるかな、失敗しないかな……」と不安に感じていることがあります。「これだけ練習したんだから大丈夫！」と本人が自信をもてるように、普段の頑張りを認めて、優しく背中を押してあげましょう。家庭内でも温かな雰囲気で応援してあげることで、本人も発表会を楽しみに思えるようになります。

最後に、当日の会場やスケジュール、本番の演奏時間などの確認、楽器、衣装、靴、楽譜などの持ち物の準備も、お子さんと一緒に入念に行ってください。忘れ物をしたことで動揺してしまい、本来の力が発揮できないという事態は絶対に避けたいところです。

そうして本番を迎え、ひとたび子どもが舞台に立てば、親にできることはもうありません。あとはわが子の力を信じて見守るのみです。

でも、きっと大丈夫。子どもたちは、大人には計り知れない力を秘めているものです。

発表会までの道のりは、子どもたちにとって、自分の内面とじっくり向き合いつつも、客観的な視点を忘れることなく、自己表現に磨きをかけるための大切なプロセスです。豊かな感性と論理的思考力を駆使し、作品の世界を表現できるように練習を重ね、うまくいかないときには持ち前の問題解決力で乗り越え、本番の舞台に挑む。そうやって培われた自己表現力は、人生において自分の可能性を発揮するための大きな助けとなることでしょう。その先にあるのが、自己実現です。自分の好きなことに夢中で打ち込んだ結果、それが社会に受け入れられ、社会貢献にもなり、ありのままの自分で社会と調和して生きる——。

発表会のステージで輝いている子どもたちはそんな「自己実現」への道を着実に歩んでいるのです。

［第5章］

子どもの音楽教育のために親ができること

ここまで、音楽教育を通して、感性・論理的思考力・自己表現力を身につけることができることを説明してきました。

実際に音楽教育を子育てに取り入れようとするときに、疑問が出てきたり、不安に思われたりすることもあるかと思います。

この章では、そうした疑問や不安が生まれたときの参考にしていただけるよう、子育てに音楽教育を取り入れるうえで知っておくと役に立つポイントやノウハウを、Ｑ＆Ａの形でまとめました。30年にわたって音楽教室を運営してきたなかで、保護者の方からよく聞かれる内容を中心に構成してあります。最初から通して読んでいただくのはもちろん、気になった項目から読んでいただいても結構です。音楽教育の手引きとして、ぜひご活用ください。

音楽を始める最適なタイミングとは

Q 私自身も音楽が好きなので、子どもにも何か音楽の習い事をさせたいと考えています。とはいえ、音楽家になれるように育てたいというほどではないのですが、音楽教育は何歳くらいから始められるものなのでしょうか。

A 私たちが運営する教室には幼児リトミックのクラスがあり、いちばん早いお子さんは生後6カ月くらいから参加されています。最初は「流した曲に対して反応する」「曲に合わせて身体を動かす」といったレッスンからスタートし、そこから心身の発達に合わせてステップアップしていきます。4歳くらいになると、自然にピアノなどの楽器を演奏することに興味を示し、徐々に習い始めるようになるお子さんが多いです。

お子さんが未就園児であれば、まずは、幼児リトミックの体験クラスに参加してみて、おうちの方が無理なく通えそうだと感じられたタイミングでスタートしてみてはいかがでしょう。

Q リトミックに興味があります。どのようなものですか？

A リトミック（Eurhythmics）とは、20世紀の初めにスイスのエミール＝ジャック・

ダルクローズという音楽教育家によって提唱された、歴史のある音楽教育です。音楽がお好きであれば、音楽を聴いているときにリズムに合わせて自然に体が動くという経験をおもちかと思います。そのように音やリズムに対する自発的な身体活動に着目して、音楽を通して心と体を調和させることを目的とし、音楽を自分の感覚で受け止め、自分の頭で考え、自分の体に伝えるという一連の流れ（＝筋肉感覚）を育んでいくのがリトミックです。

リトミックを通して「筋肉感覚」を養うことで、音楽に必要な力が身につけられるのはもちろん、「感受性」「観察力」「思考力」「判断力」「記憶力」「運動能力」などの力も育まれていきます。

リトミックのレッスンが受けられる場としては、音楽教室はもちろん、最近では、自治体が主催している教室もあります。また、書籍やＤＶＤなども多く発売されており、広く知られるようになってきました。

私たちの教室では、長年の経験から１００曲にも及ぶオリジナル楽曲を中心とした教材体系を整え、乳幼児の発達段階に基づいたカリキュラムを組んでいます。それぞれのお子さんの発達段階に最適なレッスンを、きめ細かいケアとともに受けていただけるように、個人レッスンや6名までの少人数のグループレッスンという形で行っています。グループレッスンは、同じくらいの月齢のお子さんをおもちの方同士のコミュニケーションの場にもなり、音楽が好きな方も多いので、保護者の方々の良いリフレッシュの時間にもなっているようです。

リトミックはお子さんにとって、大好きなお父さんお母さん方と、楽しい音に身を委ねて遊ぶうちに、音楽の素養を身につけられる場であり、音楽教育の最初の入り口でもあります。

Q 小学校6年生の子どもがピアノを習いたいと言い出しました。周りは早い子だと年中さんから始めている子もいるようなのですが、習い始めるタイミングとして遅過ぎないでしょうか。音楽教育はできるだけ早く始めるべきだと聞くのですが。

A 音楽教育を始めるタイミングに、遅過ぎることはありません。実際に、50歳を過ぎてからピアノを始めて、難曲と呼ばれるリストの『ラ・カンパネラ』を弾きこなせるほどに上達する方もいます。

絶対音感を身につけるためには3歳までが勝負であるとか、著名な音楽家が○歳から楽器を触っていたといった話のイメージから、「音楽教育は早い段階から始めなければならないのでは……」という思い込みをお持ちの方もいらっしゃいますが、決してそんなことはありません。お子さんがピアノを習いたいという気持ちになっているようでしたら、今こそ最適なタイミングだといえます。

実際に習い始めると、ついつい、レッスンの進度を同級生のお友達と比べて、習熟度の差が気になってしまうことがあるかもしれませんが、第4章で紹介した「問題解決力」を鍛えるための良い機会だと考えて、お子さんを温かくサポートしてあげてください。

音楽教室の選び方は？

Q　通える範囲に音楽教室がいくつもあり、どこにしたらよいのか迷っています。子どもに合ったお教室を見極めるポイントを教えてください。

Ａ　音楽教室にお子さんを通わせることを考えた際、主な選択肢としては、楽器メーカーなどが経営し全国展開している大手音楽教室と、講師が一人で経営者も兼ねている個人教室があります。

大手音楽教室はテレビＣＭなども活用して大々的に宣伝しているため、教室選びを考えたときに真っ先に候補に挙がるでしょう。日本全国どの教室でも、レッスンの内容や講師のレベルがある程度均一に保たれているというメリットがあります。その指導方針にお子さんがフィットするのかどうかを基準に判断するとよいでしょう。

講師が主宰する個人教室では、その先生の個性を活かしたレッスンが展開されています。その分、先生とお子さんとの相性がより重要になるので、体験レッスンを受けた際に、先生とお子さんのやりとりをよく観察し、お子さんの反応を見て判断しましょう。「その先生を信じて親が子どもを任せたいと思えるか」を第一に考えてみてください。

また、両者の中間タイプとして、個人教室から規模を拡大し、複数の講師が所属し複数の教室を運営しているところもあります（私たちの教室はこれに該当します）。

さらに最近は、決まった教室を持たず、貸しスタジオなどを個人で借りて教えるスタイルも増えています（生徒の募集は、インターネットのマッチングサービスなどを利用して行っています）。

いずれにせよ、お子さんが安心して長く通える教室を選ぶことが大切です。決める際には、ホームページなどで教室の教育方針やシステム、発表会などのイベントの有無、体験レッスンでの様子などを判断材料とし、予算に合った教室に決めるのがよいでしょう。

Q マンションに住んでいるため、電子ピアノで練習せざるを得ません。アコースティックの楽器に触れさせたいとは思うのですが……。

A 都市部では、住宅事情により自宅に電子ピアノしか置けないというご家庭は少なくありません。そういう場合は、音楽教室を探すとき、レッスンにグランドピアノを使っているかどうかを確認するとよいでしょう。

ピアノは、アコースティックピアノと電子ピアノに大別できます。さらに、アコースティックピアノには、グランドピアノとアップライトピアノがあります。

日常的にグランドピアノに触れることができるのが理想ではありますが、音楽大学を目指すような環境でなければ、ご家庭にグランドピアノを置くことはなかなか難しいかと思います。お住まいの規約で、アップライトピアノどころか、電子ピアノでヘッドフォンをして練習せざるを得ないというケースもあります。また最近は、レンタルスタジオなどでグランドピアノに触れられる場所も増えてきていますが、いつもスタジオを予約して練習することも難しいかもしれません。

そのような環境の場合、レッスンのときに週に1回でも、本物の楽器に触れられるのは有意義な時間となります。

ここでいう「本物の楽器」とは、ピアノの場合「グランドピアノ」のことを指します。実際に弾いてみれば実感していただけると思いますが、グランドピアノとアップライトピアノでは、音の響き方や打鍵の感覚、表現力が全然違います。というのも、両者は構造が大きく異なるからです。

本物の楽器に触れることは、音楽を学ぶうえでの耳を育てます。それは、演奏技術や音楽性を育むベースとなります。たとえ、ご家庭では電子ピアノを使用せざるを得なくても、レッスンのときにグランドピアノに触れることができれば、家で練習する際にグランドピアノを弾いたときの感覚をイメージしながら練習をすることもできます。

どんな分野にもいえることですが、本物に触れられるという機会から得られる効果は大きなものです。

子どもの成長にはタイミングがある

Q ピアノを習い始めたものの、なかなか家で練習しないため、歯がゆく思っています。あまり口うるさく言っても逆効果のようで、困っています。

A 「おうちでなかなか練習しなくて困る」というお悩みは、多くの保護者の方が抱える悩みの一つです。きちんと練習して自在に演奏できるようになってほしいと思う一方で、練習を無理強いして音楽自体が嫌いになってしまうのは避けたいところで、声掛けの加減が難しいところでもあります。

オーストリア出身のピアニストであり作曲家でもあるアルトゥール・シュナーベル

（１８８２―１９５１年）は幼い頃から「天才少年」として才能を発揮し、ブラームスからは「将来最もおそるべき天才」と絶賛されました。彼はこんな言葉を残しています。
「私は『練習する』という言葉を使いません。なぜなら、その言葉が子どもたちを脅かし、ピアノを嫌いにするからです。私ならこう言います。『今日はもう音楽を奏でたかい？　まだなら、家へ帰って音楽をしましょう』と」

また、日本のピアニストで、ショパン国際ピアノコンクールで入賞し、世界のピアノ界に多大な功績を残したことで知られる中村紘子さん（１９４４―２０１６年）は練習について次のように述べています。
「ピアノの練習っていうのは、私にとっては、音楽をピカピカに磨いて磨いて自分の理想に近づけることだから、その過程が楽しいのよ」

こういった超一流のピアニストたちの言葉は、本来、練習とは心躍るものであることを教えてくれます。

音楽教室を運営していると、練習嫌いだった生徒が、発表会への参加をきっかけに、急成長する場面に立ち会うことが多くあります。目先の練習のことしか見えていなかった状態から、目標を明確にして、それに向けて自発的に取り組むことで、積極的に練習に取り組めるようになるのです。このような変化は、音楽技術の上達はもちろん、人間としての成長でもあります。

そのほかにも、お子さん自身が「弾けるようになりたい！」と強く思える曲に出合ったとか、憧れの演奏家のコンサートを聴きに行ったとか、あるいは音楽を扱った漫画やアニメの影響を受けたとか、そういったきっかけで、お子さんの取り組み方がガラッと変わることがあります。

また、練習するのが嫌なのではなく、今していることとやしたいことを止めてピアノに向かうのがつらい場合もあると思います。子どものペースをなるべく乱さないように、毎日の練習時間を相談してあらかじめ決めておくのもよいでしょう。

成長する機会がいつどのタイミングで訪れるのかは、子どもによってまちまちです。お子さんがピアノ自体を嫌がっているのでなければ、ぜひ長い目で見守っていただければと思います。

Q 私自身がピアノを習っていたこともあり、子どもの上達が遅いような気がして、ついつい子どもの練習中にあれこれ口を出してしまいます。

A 親が子どもの上達を願うのは当然のことですし、親がピアノ経験者であればなおさら口出ししたくなる気持ちも良く分かります。一方で、親が自分の考え方ややり方を一方的に子どもに押し付けようとすると、子どもは反発するものです。それはなにも音楽教育の場面に限った話ではないでしょうし、実際、自分自身が子どものときに、親に対して「うるさいな、ほっといてよ！」という気持ちになったことがある人もいるかもしれません。

お子さんの練習への直接的な介入・干渉はできるだけ控え、お子さんが自律的に練習できるようになっていく環境づくりからアプローチすることが望ましいといえるでしょう。とはいえ、どうしても気になるようなら、習っている先生に相談しつつ、お子さんとしっかり話し合ってみるのも一つの手です。

子どもの年齢や個性、成長段階などに応じて、上達のスピードに個人差はありますが、ピアノは適切な方法で努力を続けていけば、必ず結果に結び付きます。また、子どもが練習でうまく行かないことについて色々と試行錯誤してみることも、子どもの成長のため時には必要ということもあるでしょう。演奏技術の習得に時間がかかったとしても、一つひとつの音の響きを味わえる感受性を大事に音楽に向き合い続けることで、後々演奏技術の習熟を促し豊かな表現力につながっていく、ということもあります。

音楽を扱った映画、小説、漫画、絵本も活用する

Q 子どもの練習へのモチベーションを上げるために、音楽を題材にした作品をすすめてみようかと思っています。おすすめの作品はありますか。

A 練習への意欲を高めるために、漫画やアニメ、映画などが役に立つことはよくあります。『のだめカンタービレ』という作品が大ヒットしたときには、ピアノを習う人が急増したこともありました。

おすすめの作品をまとめてみたので、お子さんの年齢や興味に応じて活用してみてくだ

［図表６］音楽を題材にした作品例

作品名	概要
シャイン（Shine）	実在のピアニストであるデイヴィッド・ヘルフゴットの半生を描いた映画。ピアニストとなるべく英才教育を受けた主人公の栄光と苦難、そして再起を描いた伝記的映画。
のだめカンタービレ	音楽大学のピアノ学科に通う野田恵が、同じくピアノ科に在籍しながらも指揮者を目指す千秋真一と出会い、仲間とともに成長していく様子を描いた作品。漫画が人気を博し、テレビドラマやアニメのほか、映画化もされている。
ピアノの森	森に捨てられたピアノをおもちゃ代わりにして育った主人公の一ノ瀬海は驚異的なピアノの才能を持つ。小学校５年生になったときに、天才的なピアニストだった音楽教師や、同級生のライバルとの出会いを通して、その才能を開花させ、成長していく。
蜜蜂と遠雷	国際ピアノコンクールを舞台として、４人の若いピアニストたちの葛藤と成長を描いた長編小説。映画化もされている。

さい。

また、いわゆる学習マンガのなかには、モーツァルトやベートーヴェンといった大作曲家の人生を描いたものがあります。発表会で演奏する作品について知識を深める必要がある場合などに活用すれば、作曲家の性格や生きていた時代の姿などを大まかに知ることができるでしょう。

幼児の場合であれば、絵本も効果的です。楽器の種類やオーケストラの構成などをイラストや写真を使って分かりやすく説明するような、音楽を扱った絵本は少なくありません。例えばフルートが使われている曲を流しながら、「今の音は、このフルートという楽器から出ているんだよ」などと絵本の中の絵を指さして教えてあげれば、子どもの楽器や音に対する理解がより進むはずです。

家庭内で音楽に親しめる環境をつくる

Q 子どもがクラシック音楽に興味を示すようになりました。家庭内ではどのような環境を整えればよいでしょうか。

A　YouTubeなどで気軽に音楽を聴けるようになりましたが、まずは、クラシック音楽のＣＤを聴いてみることをおすすめします。クオリティの高い演奏が豊富にリリースされているからです。

自治体によっては、図書館にさまざまな楽曲のＣＤが豊富にそろっていて、貸し出している場合もあります。

それから、ラジオやテレビの音楽番組を活用するのも一つの手です。特に、ＮＨＫ教育テレビ（Ｅテレ）で放映されている音楽教養番組は、子どもが観ることを前提に制作されているため、さまざまな配慮が行き届いており、安心して観せることができます。

例えば、２０２１年３月現在は、『おんがくブラボー』という小学３〜６年生を対象としたクラシック中心の音楽番組が毎週放送されています。

次ページに、クラシック音楽を扱っている主なテレビ番組をまとめておきましたので、参考にしてみてください。

手軽に音楽に親しむ手段として、インターネット上のコンテンツ（音源、動画、記事など）も有効活用できると良いと思います。ただし、中にはコンテンツのクオリティや内容

［図表7］ クラシック音楽を扱っている主なテレビ番組とインターネットコンテンツ

番組名	放送局	曜日	放送時間
クラシック音楽館	NHK教育（Eテレ）	毎週日曜日（最終日曜日は除く）	21:00-23:00
ららら♪クラシック	NHK教育（Eテレ）	毎週金曜日	21:00-21:30
おんがくブラボー	NHK教育（Eテレ）	毎週火曜日	15:30-15:40
クラシック倶楽部	NHK BS プレミアム	毎週月～金曜日	5:00-5:55
プレミアムシアター	NHK BS プレミアム	毎週日曜日	23:20-
読響プレミア	日本テレビ	毎週木曜日	26:35-27:35
題名のない音楽会	テレビ朝日	毎週土曜日	10:00-10:30
エンター・ザ・ミュージック	BSテレビ	毎週土曜日	8:30-9:30

インターネットコンテンツ

ピティナ・ピアノ曲事典
YouTubeチャンネル「小林音楽教室（東京）」

（2021年３月時点）

の正確性が保証されていないものも含まれますので、注意して利用しましょう。

一般社団法人 全日本ピアノ指導者協会（ピティナ）が運営する、「ピティナ・ピアノ曲事典」は、約９万項目を誇る最大級のピアノ・鍵盤音楽データベースです（２０２１年３月時点）。作曲家名や作品名などのキーワード、もしくは演奏時間、ジャンル等の条件を指定して情報を検索でき、作曲家や作品の情報の閲覧や、演奏動画を視聴することができます。

私たちの教室もYouTubeチャンネル「小林音楽教室（東京）」を運営しており、レッスンでの定番の練習曲や教本等の曲目を中心に約５００本（２０２１年３月時点）のオリジナル動画コンテンツを配信しています。

スマートスピーカーなら子どもが自分で好きな音楽を楽しめる

Q スマートスピーカーの購入を検討しています。音楽教育をするうえで、効果的な活用法があれば教えてください。

Aインターネットを活用して音楽を聴くのであれば、スマートスピーカーは便利なツールです。

スマートスピーカーとはＡＩが搭載されたスピーカーで、人の声に反応して情報の検索や家電の操作などを行います。具体的な製品としてはGoogleの「Google Home」やAmazonの「Echo」などが知られています。

例えばスマートスピーカーに向かって「○○の曲をかけて」などと伝えると、利用している音楽配信サービスやYouTubeなどのなかからその曲を探し出して、自動的に流してくれます。

このように声だけで操作できるので、小さな子どもでも問題なく使えます。実際、自分でスピーカーに向かって話し掛けて好きな音楽を楽しんでいる生徒もいます。

スマートスピーカーを購入するなら、同時におすすめしたいのが、インターネットの定額制音楽配信サービスです。

これは、月額などの決まった額の利用料を支払うことにより、提供される音楽を無制限で聴くことができるというもので、定額制（サブスクリプション）の音楽ストリーミングサービスとも呼ばれています。

２０２１年３月現在、多くの人が利用している主な音楽配信サービスとしては、次のようなものがあります。

・Apple Music（アップルミュージック）
・Amazon Music Unlimited（アマゾンミュージックアンリミテッド）
・Spotify（スポティファイ）
・LINE MUSIC（ラインミュージック）
・YouTube Music（ユーチューブミュージック）

いずれも数千万曲の楽曲が提供されており、音質も上々で、聴ける音楽の幅も広がります。

こうしたインターネットの音楽配信サービスやYouTube等は、パソコンはもちろん、スマートフォンやタブレットでも聴くことができるので、どこにいても手軽に音楽に触れることができます。

子どもにいちばん聴かせたいのは「モーツァルト」

Q 子どもにクラシック音楽に親しんでもらいたいと思っています。どんな音楽を聴かせればよいのでしょうか。

A 基本的には、おうちの方のお好きな曲や、聴かせたいと思われるような曲で構いませんが、小さなお子さんにぜひとも聴いていただきたい作品としては、モーツァルトがいちばんのおすすめです。胎教にもよいといわれるので、妊娠中によく聴いたという方もいらっしゃるかもしれません。

モーツァルトのつくる音楽は、一般に構成がシンプルではありますが、どの曲も完成度が高く、どれも「さすが天才モーツァルト!」と心から感嘆させられるような作品ばかりです。

［図表８］モーツァルトの代表的な作品

- アイネ・クライネ・ナハトムジーク K.525 第１楽章：アレグロ
- ディヴェルティメント K.136 第１楽章：アレグロ
- フルート協奏曲第２番ニ長調 K.314 第１楽章：アレグロ・アペルト
- 小さなフリードリヒの誕生日 K.529
- ピアノ・ソナタイ短調 K.310 第１楽章：アレグロ・マエストーソ
- アヴェ・ヴェルム・コルプス K.618
- フィガロの結婚 K.492 序曲
- ピアノ・ソナタ第15番ハ長調 K.545 第1楽章：アレグロ
- トルコ行進曲（ピアノ・ソナタ第11番イ長調 K.331 第３楽章）
- セレナーデ 第12番ハ短調 K.388 “ナハトムジーク” 第２楽章：アンダンテ
- ヴァイオリン・ソナタホ短調 K.304 第1楽章：アレグロ
- “そうとも、おれは鳥刺しさ” ～歌劇「魔笛」K.620から
- キラキラ星変奏曲 K.265（300e）
- 交響曲第40番ト短調 K.550 第１楽章：モルト・アレグロ
- ピアノ協奏曲第24番ハ短調 K.491 第２楽章：ラルゲット
- クラリネット五重奏曲イ長調 K.581 第２楽章：ラルゲット
- ヴァイオリンとヴィオラのための協奏交響曲 変ホ長調 K.364（320d）第３楽章：プレスト

（日本コロムビア『こどもといっしょにモーツァルト』より引用）

しかも、鍵盤楽器や弦楽器、そして管楽器と、幅広い楽器が用いられているため、さまざまな楽器の音色に触れることができます。さらに、ジャンルも交響曲、管弦楽曲、室内楽曲、器楽曲、オペラなど多岐にわたります。

作曲家によっては、例えばワーグナーのように、一つの曲の中で音量が突然大きくなったり、逆に小さくなったりと、音の振れ幅が激しいものがあり、小さなお子さんだと驚いて怖がってしまうかもしれません。しかし、モーツァルトの作品のほとんどは、音の大きさもテンポも比較的一定に保たれているので落ちつい

て聴いていただくことができます。

子どもが音楽に対する自然な感覚を身につけるうえでは、これ以上ないベストな作曲家といってよいでしょう。

ちなみに『こどもといっしょにモーツァルト』（日本コロムビア）という、モーツァルトの曲ばかりを集めたＣＤもあります。その中に収録されている主な作品を上にまとめておきましたので、曲選びの参考にしてみてください。

それから『子どもに聴かせる名曲選』などのタイトルで、音楽教育の専門家らが子ども向けのおすすめクラシック音楽を選定したアルバムなどもあります。

こういったアルバムは、一枚のＣＤで幅広い時代のさまざまな作曲家の音楽に触れることができるので便利です。

コンサートに行くことで子どもの音楽の世界はさらに広がる

Q 子どもをコンサートに連れて行ってあげたいと思っています。最初はどんなコンサートを選べばよいでしょうか。

A まず初めは、お子さんが関心を持っている演奏家の演奏からスタートしてみるのがおすすめです。

例えば、お子さんがテレビの音楽番組などを観ているときに興味を示したピアニストやヴァイオリニストなどがいたら、その人のコンサートに連れて行ってみるのです。

あるいは、コンサートの案内チラシなどを眺めて、演目の中に子どものお気に入りの曲があれば、それを手掛かりに聴きに行ってもよいでしょう。

また、子どもの通っている音楽教室の講師が演奏会を開くこともあると思います。それもコンサートを体験する一つの良い機会になります。先生という身近な人だけに、お子さんは親近感と強い興味をもってコンサートを楽しめるはずです。

このようにコンサート体験を重ねていくなかで、お気に入りの演奏家が見つかるかもしれません。あるいは「もっといろいろな種類のコンサートを聴いてみたい」などと、積極的な気持ちが生まれることもあるでしょう。

そうなれば、子どもの音楽の世界はさらに広がっていきます。

お子さんがコンサートに慣れてきたら是非トライしてほしいのが、〝巨匠〟と呼ばれるような超一流の演奏家の演奏を子どもに聴かせることです。

現代の代表的なピアニストとしては、マルタ・アルゲリッチ、マウリツィオ・ポリーニ、マレイ・ペライア、内田光子、アンドラーシュ・シフ、クリスチャン・ツィメルマン、エフゲニー・キーシンなどが挙げられます。

このレベルのアーティストたちは、まったく別次元の演奏を聴かせてくれます。実際のコンサートでその音を耳にして、感動のあまり涙を流す人さえいるほどで、その表現力、演奏技術、深い精神性は超人的なものを感じさせてくれます。

このような超一流レベルの演奏のすごさや圧倒的な魅力は、お子さんの胸のなかに残り続けるに違いありません。こうした音楽体験があるのとないのとでは、日々の練習やレッスンに対する思いや取り組み方も大きく変わってくるはずです。なかには「自分もあんなふうに人の心を震わせるすごい演奏をしてみたい」と、音楽への強い情熱が生まれることもあるかもしれません。
生演奏に接することで新たな刺激を受けたり、あるいは音楽の奥深さに気づいたりすることは、子どもの感性をさらに高めることにつながることでしょう。

コンサート情報を入手するのにはクラシック音楽の専門誌が便利

Q 最新のクラシック音楽の情報を得るためにおすすめの媒体はありますか？

A 「今、どのような演奏家が超一流と呼ばれているのか」などの情報を得るのには、クラシック音楽の専門誌が役に立ちます。
現在、書店やインターネット通販などを通して入手できる主な専門誌としては以下のようなものがあります。

・「音楽の友」（音楽之友社）
・「MOSTLY CLASSIC（モーストリー・クラシック）」（アカデミー・オブ・ファース

［図表9］クラシック関連コンサート情報サイト
「WEB版コンサート・ガイド」

（音楽之友社「WEB版コンサート・ガイド」のトップページより引用）

ト・パシフィック）

いずれも月刊誌で、図書館の雑誌コーナーなどに置かれていることもあります。

インターネット上でクラシック関連のコンサート情報を探すのには、音楽之友社が運営している「ＷＥＢ版コンサートガイド」が便利です。トップページで注目のコンサートが紹介されているほか、地域別に1週間以内のコンサート情報を検索することもできるので、必要に応じて活用してみてください。

音楽専門の博物館で子どもの知的好奇心を育てる

Q 子どもが楽器の構造やしくみなどにも興味を示すようになってきました。子どもの興味に応えるために、親にできるサポートはありますか。

A 音楽に関する展示を専門とする博物館が、国内にも複数あるので、そういった施設に足を運ぶと、お子さんは大いに刺激を受けることでしょう。

例えば、静岡県浜松市にある浜松市楽器博物館では、世界各地の楽器が展示されています。

欧米だけでなく、アジア、オセアニア、アフリカなどの楽器も広く集められており、なかにはここでしか目にできないような珍しいものも多く含まれています。

また、音楽大学が所蔵する音楽資料等のコレクションを一般の人々に公開しているケースも見られます。

例を挙げると、東京の武蔵野音楽大学では、同大が収集した数々の楽器等を博物館の形で展示しています。コレクションの中にはドイツの作曲家、ロベルト・シューマンの夫人であり、自らもピアニスト、作曲家として名を残したクララ・シューマンの愛用したグランドピアノなどの貴重な楽器もあります。

音楽教室が開催するワークショップでさまざまな音楽体験を

Q 音楽教室で行われるワークショップに、子どもが興味を示しています。ピアノを習い始めたばかりでまだ満足に弾けるわけでもないため、参加するのは早いのではと思うのですが。

A 参加する上で、楽器の習熟度に制限のあるものでなければ、参加を前向きに検討されてよいでしょう。お子さんの音楽体験の幅を広げるという意味で、非常に有意義な経験となるはずです。もし心配であれば、運営側に問い合わせてから参加を申し込まれるとよいでしょう。

私たちの音楽教室でもこれまでにさまざまなイベントやワークショップを試みてきまし

た。

最近の例を示すと、２０２０年1月には、ヴァイオリンのなかで最も貴重な名器とされているストラディヴァリウスをプロの演奏家に子どもたちの目の前で弾いてもらい、その生の音を体感できるイベントを行いました。

また、夏にはサマースクールと題した大規模なワークショップを開いています。これは、夏休みの機会に普段学べないような内容にチャレンジする機会として行っているもので、教室の生徒だけでなく一般の人も数多く受講しています。２０１９年には以下のようなプログラムで実施しました。

①リトミックオープンクラス

1歳から3歳の子どもを対象に、歌ったり、踊ったり、音楽の楽しさを身体いっぱい感じてもらうのが目的。

②子ども合唱「日本歌曲を歌おう」

プロの声楽家が発声から立ち方、姿勢、言葉の発音など、上手に歌えるようになるためのポイントをアドバイス。

③ヴァイオリン・アンサンブル

プロのヴァイオリン奏者とアンサンブルを経験。一緒に演奏する楽しさを体験することができる。

④フルート体験クラス

ファイフという小型の横笛を使ったフルート入門講座。

⑤子ども作曲クラス

作曲を通じて、楽譜がどのように作られるのか、そのためには何が必要なのかを楽しく学ぶ。自作自演の発表も行う。

⑥ピアノ一日合宿

日帰り合宿の形で数人のピアノ講師の個人レッスンと自主練習を繰り返し、最後にはミニ発表会も。

⑦ＪＡＺＺピアノ・レクチャーコンサート

ＪＡＺＺピアノのレクチャーとミニコンサート。クラシック音楽との違いを感じながら音楽に対する理解を深める。

⑧絵本と音楽の世界

絵本と音楽のコラボレーションプログラムで子どもから大人まで楽しめる。映像とピアノを組み合わせたミニコンサートも。

また、音楽博物館や、楽器メーカー、各地の自治体などがイベントやワークショップを開くこともあります。

お子さんが興味を示しているようならば、思い切って参加してみてはいかがでしょう。

受験勉強と音楽レッスンは両立できるのか

Q　子どもに中学受験をさせることを考えており、ピアノを受験勉強と両立できるのか不安です。

A　小さいときから習い事をしていた子の多くは、受験を前にしてそれを続けるかどうかの選択を迫られることになります。

音楽のレッスンも例外ではありません。

中学受験をするのであれば、受験のための学習塾に通い始める小学４年生前後のタイミングで「受験勉強で忙しくなるから」などの理由で音楽教室を辞めるという選択をするお子さんも少なくありません。

受験が終わってから再び教室に戻って来てくれることもありますが、やはり多くの場合、そのまま音楽から離れたままになってしまいます。

小学生の頃のレッスンは、演奏のための基礎固めが中心で、芸術性のより高い作品に取り組めるようになるのは、中学生や高校生になってからです。人生で最も多感なときに、そうした作品の数々に触れることで、音楽教育から得られる効果はさらに大きなものになることは間違いありません。

そんな子どもにとって大事な時期に音楽との関わりがなくなるのは、本当にもったいないことです。

音楽と受験勉強を両立している生徒さんは、そのときの状況に合わせて、音楽にかける時間の比重を調整しながら、柔軟に対応しているように見えます。

受験勉強に一辺倒になって、すべての時間を勉強に注ぎ込もうとして精神的に無理を重ねるよりも、勉強の合間に音楽を聴いたり、楽器を弾いたりといった時間をもつことで、受験勉強へのモチベーションをより高く保てることもあるようです。

実際、私たちの教室でも受験勉強と音楽レッスンを両立させ、有名私立中学や難関高校・大学に合格している生徒さんたちは数多くいらっしゃいます。

社会に出ると、複数のプロジェクトを同時進行しなければならないこともあります。また、仕事とプライベートの両立が必要になることもあるでしょう。

自分にとって本当に大切なことは何なのかを把握し、優先順位を決めて自律的に物事に取り組める能力は、どんな分野でも成功につながるのではないでしょうか。

おわりに

２０２０年、新型コロナウイルスの流行により、大人はもちろん、子どもたちも多大な辛抱を強いられました。世界各国でロックダウンが始まり、日本でも緊急事態宣言が出された頃、終わりの見えない自粛生活のなかで、私たちは相当なストレスにさらされていました。

そんなときに、インターネット上で次々にアップロードされていたのが、音楽を愛する人々の手による音楽動画の数々でした。そのなかには、プロの音楽家によるものもあれば、アマチュア演奏家によるものもありました。

加えて、オンラインでのコンサート、インターネットを介したジャムセッションなど、音楽の新しい楽しみ方が次々と生まれてきました。

「不要不急の外出自粛」や「ソーシャルディスタンス」という名の壁が私たちの前に出現したとき、それらを軽々と超えて、私たちにつながりを取り戻し、笑顔と感動をもたらしてくれたのは、ほかでもない「音楽」だったのです。

私たちの音楽教室はそんな２０２０年に、創立30周年を迎えました。

１９９０年の教室オープン以来、常に音楽の価値を信じ、私たちの教室に関わるすべての人たちに「音楽の喜び」をもたらしたいという思いをもって活動してきました。それはコロナ禍においても変わることはありませんでした。芸術活動が自粛を余儀なくされたり、日本全国で学校が一斉休校になったりしていくなかで、私たちは「音楽教育は『不要不急』なのか」という問いを突きつけられることになりました。それは音楽の存在意義や価値とは何かという本質的な問いに向き合うことでもありました。議論に議論を重ねて出した答えは「音楽教育の機会を提供し続けることが私たちの使命である」ということ。その考えは、これから先も同じです。

今回、過去の教室活動を振り返りながら本書をまとめるなかで、次々と脳裏に浮かんできたのは今までに関わってきた生徒たちの顔でした。

「初めての発表会では、思いどおりに弾けなくて舞台袖で悔し涙を流していたのに、次の年には堂々と最後まで弾き切って、心から満足した顔を見せてくれたな」

「レッスンと受験勉強を両立させて見事に難関校の合格を勝ち取ったあの子は、いつの間にかすっかり頼もしくなった」

「ワークショップで初めてストラディヴァリウスの音色を聴いた子どもたちの目の輝きはまぶしかったな」

　そうした子どもたちの多くの笑顔と音楽を通じた成長を見続けてきたことは、私たちにとって何よりの幸福だったと感じています。


　私たちは、音楽教育の中心には「笑顔」が溢れているべきだと考えています。音楽とは本来楽しいもので、子どもたちはもちろん、その周りの大人たちにも幸せをもたらしてくれるのだという信念のものと、教室に愛情と笑顔が満ち溢れていることを何よりも大切にしてきました。

　コロナ禍で、音楽の力が私たちの心を揺さぶり、明日への活力を呼び起こしたように、音楽がもたらす「感動」は、喜びを生み出す源泉となるものです。

そして、「笑顔」と「感動」は、子どもたちに計り知れない「成長」をもたらします。

本書では、音楽教育の効果をお伝えしてきましたが、音楽を通じて育まれた豊かな人間性は、子どもたちの一生の財産となることでしょう。

音楽を学んだ子どもたちは、音楽の価値を身をもって理解しています。そのため、大人になったときに、自らコンサートに足を運んだり、自分の子どもに音楽を学べる環境を整えたりするようになります。場合によっては、自らの手で音楽のイベントを企画する側になることもあるかもしれません。

音楽を愛する人の手によって音楽の価値が循環していくことが、文化としての音楽を発展させ、受け継がれていくことにつながります。音楽教室はそういった社会教育を担う存在でもあるのだと自負しております。

私たちの教室も30周年という節目を迎え、これからも、多くの子どもたちに音楽のすばらしさや喜びを伝えられる音楽教室であり続けたいと思いを新たにしております。本書を読んで音楽教育についてより詳しく知りたいことや、疑問点などがあれば是非、お気軽にお問い合わせください。音楽の力を信じ、ともに音楽を楽しみながら、お子さんの成長のお手伝いができたら、これにまさる喜びはありません。

2021年4月吉日

小林音楽教室主宰　小林　洋子

株式会社レゼル代表取締役　沼田　峰紀

参考文献

【書籍】

新井紀子『ＡＩ VS・教科書が読めない子どもたち』東洋経済新報社

菅野恵理子『ＭＩＴマサチューセッツ工科大学　音楽の授業　世界最高峰の「創造する力」の伸ばし方』あさ出版

プラトン著　藤沢令夫翻訳『国家』上・下　岩波文庫

【論文・報告書】

カール・ベネディクト・フレイ及びマイケル・オズボーン「The Future of Employment: How Susceptible are jobs to computerization?」（2013）

伊藤真「ドイツの小学校における器楽学習の特徴と意義―ハンブルク州のJeKiプロジェクトの事例から―」『音楽文化教育学研究紀要』第29号　p13-22

尾見敦子「ハンガリーの幼稚園・小学校の音楽教育における伝承の歌遊びの意義」『川村学園女子大学研究紀要』第28巻　第2号　p67-84

国立教育政策研究所『音楽のカリキュラムの改善に関する研究―諸外国の動向―』

高須一「英国国定音楽カリキュラムにおける創造的音楽学習に関する一考察―Keith Swanwickの批判を通して―」『カリキュラム研究』第5号　p99-110

日本音楽教育学会『世界の音楽科学習指導要領を比較する（1）アメリカ・ハンガリー・フィンランド・ドイツでは音楽教育をどう考えているのか』
原田昭「感性の定義」『筑波大学感性評価構造モデルと構築特別プロジェクト研究報告書』
馬場良始「ピタゴラス音律―小学校専門科目「数学」での実践―」『数学教育研究』第41号
三村真弓『ハンガリーの音楽教育　コダーイ・コンセプト』

【ウェブサイト】

桜美林大学「リベラルアーツとは」
東京藝術大学音楽学部大学史史料室「音楽取調掛と東京音楽学校の外国人教師たち」
東大新聞オンライン「学力と音楽経験との関係は？　日本の音楽教育の歴史と成果」
内閣府「Society 5.0」
ミキハウス総研　ハッピー・ノートドットコム「通わせてますか？　習い事」
森尻有貴「イギリスの音楽教育」
文部科学省「学習指導要領　生きる力」

小林洋子（こばやし ようこ）

上野学園大学音楽学部卒業。大学在学中の1990年に小林音楽教室（旧：小林ピアノ教室）を創業。ピアノと音楽の基礎教育であるソルフェージュを一体化させた独自の指導法には定評があり、これまで指導に携わった生徒は2000名に及ぶ。現在、東京都内数カ所（新宿、麻布ほか）に直営教室を構え、数十人の音楽講師とともに、幼児から大人までを対象に、ハイクオリティで総合的かつ多様な音楽教育を展開している。一般社団法人日本ソルフェージュ協会会長。

沼田峰紀（ぬまた たかのり）

小林音楽教室の運営管理会社である株式会社レゼル代表取締役。東京工業大学大学院修了後、国内大手SIerを経て、慶應義塾大学大学院経営管理研究科修士課程（MBA）在学中に同社を設立。幼少期からピアノに親しみ、小林洋子氏と出会い音楽教育に携わるようになる。現在は同教室の経営管理全般を担う。

本書についての
ご意見・ご感想はコチラ

これからの時代を生きるすべての子どもたちへ
音楽教育のススメ

二〇二一年五月二八日　第一刷発行

著　者　小林洋子　沼田峰紀
発行人　久保田貴幸
発行元　株式会社　幻冬舎メディアコンサルティング
〒一五一-〇〇五一　東京都渋谷区千駄ヶ谷四-九-七
電話　〇三-五四一一-六四四〇（編集）
発売元　株式会社　幻冬舎
〒一五一-〇〇五一　東京都渋谷区千駄ヶ谷四-九-七
電話　〇三-五四一一-六二二二（営業）
印刷・製本　シナノ書籍印刷株式会社
装　丁　小柴　凛

検印廃止

Printed in Japan　ISBN 978-4-344-93106-0 C0037
幻冬舎メディアコンサルティングHP　http://www.gentosha-mc.com/